남명과 그의 벗들

이 책은 2006년도 경상남도 지원금에 의해 개발되었음.

경상대학교 남명학연구소
남명학교양총서 08

남명과 그의 벗들

강정화 지음

景仁文化社

책머리에

　　이제껏 남명학南冥學 연구는 수많은 학자들의 노력으로 괄목할 만한 성과를 축적하였고, 이러한 성과들은 연구의 깊이를 한층 심화시키는 결과를 가져왔다. 그러나 그간의 연구는 학자층에서만 전문적으로 이루어져 왔고, 남명학의 대중화에 소홀하다는 지적 또한 계속되어 왔다. 이에 경상대학교 남명학연구소에서는 남명정신과 선비문화를 일반인에게 전파하고 공유할 수 있는 방안으로 2005년부터 남명학연구 교양총서를 발간하고 있다. 벌써 7책이 발간되었으며, 앞으로 모두 20책의 완간을 목표로 추진하고 있다. 학술적 접근에서의 딱딱함과 부담감을 줄이고 일반인들도 누구나 쉽게 접할 수 있도록 구성하였다. 이 책은 그 연장선상에서 이루어진 것이다.

　　2년 전 필자는 연구소 사업의 일환으로 남명이 종유從遊했던 이들의 문집해제文集解題 작업을 맡게 되었다. 그 과정에서 그들의 가슴 뭉클한 사귐을 엿보게 되었다. 서울의 북악산에서, 보은의 속리산에서, 청도의 운문산에서, 그리고 진주의 지리산에서,

그들은 각자 조선 팔도의 한 모퉁이를 거처로 삼아 살면서도 일생 서로간의 그리움과 외경畏敬으로 영혼의 울림을 주고받았다. 늘그막의 단 한 번뿐인 만남이었지만 그것만으로도 막역한 벗이 될 수 있었다. 그들은 뜻을 함께 하면 나이를 잊었고, 물리적 거리에는 아랑 곳 않고 공간을 초월하여 우의友誼를 다졌다. 문득 그들의 만남 속으로 들어가 가까이에서 보고 싶어졌다.

1년 전 벗과의 약속을 지키기 위해 폭우 속에서도 해인사로 향했던 남명과 동주東洲 성제원成悌元, 같은 해에 태어나고 같은 경상도에 살면서 한 번의 만남도 없었지만 일생을 그리워하며 정신적 사귐으로 지낸 남명과 퇴계退溪 이황李滉. 나라를 경륜할 큰 재주를 지녔지만 일생 출사하지 않는 벗을 보면서 인재를 버려두고 가짜만 찾아 쓰는 현실을 한탄하기도 했고, 이웃하여 살고 싶도록 절친했던 벗을 절교할 수밖에 없었던 남명을 생각하며 같이 안타까워하기도 했다.

진정한 벗은 두 개의 육체에 깃든 하나의 영혼이라는 말이 있다. 여기 남명의 육체에 깃들었던 31인의 영혼을 소개한다. 오늘날 삶의 양식은 달라졌지만 사람 사귐의 의미는 현재까지 그대로 닿아있다. 그래서 그들의 사귐은 시공을 뛰어 넘어 고사故事가 되고 잠언箴言이 되고 귀감龜鑑이 되리라. 이 책 속 행간에 스며있는 벗의 향기와 선비들의 시대정신, 선인들의 풍류를 찾아내는 것은 오직 독자들의 몫이다.

이 책이 나오게 된 모든 근원은 오직 남명이다. 남명은 천 길 낭떠러지에 우뚝 선 기상과 하늘이 울어도 울지 않는 고명한 선비이기 이전에, 좋은 벗과의 사귐을 일깨워 주고 나아가 진정한 인간관계의 의미를 몸으로 보여 준 분이다. 그 분과의 특별한 인연에 감사할 뿐이다.

2007년 12월 어느 날
필자 씀

목차 *contents*

□ 책머리에

제1장 벗이란 / 1

제2장 남명의 교유관계 / 7

제3장 남명의 벗들 / 15
  1. 벼슬을 물러난 후 고향에서 만나도 늦지 않을 것이오
      — 회재 이언적 ················· 15
  2. 같은 해에 나고 같은 도에 살면서 일생 만나지 못했으니,
     천명이 아니랴 — 퇴계 이황 ················· 24
  3. 유독 천하의 훌륭한 선비로 보증했던 벗
      — 삼족당 김대유 ················· 34
  4. 간과 폐를 다 주어도 아까울 것이 없건만
      — 청송 성수침 ················· 41
  5. 운문산 속 또 한 사람의 벗 — 소요당 박하담 ················· 47
  6. 세 줄의 편지 삼년 만에 본 얼굴인 듯 — 중려 성우 ······ 54
  7. 방합조개 속에 감춰진 명월주 같은 벗 — 대곡 성운 ······ 57
  8. 내 입장에서 공의 처지를 보면 오히려 내가 더 낫습니다
      — 숭덕재 이윤경 ················· 67
  9. 친한 벗도 벼슬이 높아지면 편지 하고 싶지 않은 법이라네
      — 동고 이준경 ················· 71
  10. 늙도록 변치 않을 사람은 이 사람뿐 — 송계 신계성 ····· 81

11. 이 조대가 하루아침에 군수가 되었으니,
    재앙의 빌미가 되지 않으리라 어찌 알겠는가
    — 일재 이항 ····· 87
12. 포용과 아량을 지닌 것으로 허여한 벗 — 갈천 임훈 ····· 94
13. 저녁에 죽어도 여한이 없을 듯 — 규암 송인수 ····· 104
14. 네 가지가 같은 벗 — 청향당 이원 ····· 109
15. 만약 때를 만났더라면 큰일을 해냈을 터인데
    — 경재 곽순 ····· 118
16. 우직한 그대는 내 마음 알아주리라 — 황강 이희안 ····· 121
17. 소 잡는 솜씨를 어찌 닭을 잡다가 상하랴
    — 동주 성제원 ····· 129
18. 아들을 보면 그 아비를 알 수 있으리니
    — 칠봉 김희삼 ····· 137
19. 집을 이웃하여 살고 싶었던 벗 — 구암 이정 ····· 142
20. 토정과 고청, 두 사람이 들렀다 간 모양이군
    — 토정 이지함 ····· 149
21. 구차스레 녹봉만 타먹는다는 비난을 면치 못할 것입니다
    — 옥계 노진 ····· 155
22. 이 사람, 만나보니 벌써 흰 머리일세 — 계당 최흥림 ··· 162
23. 참으로 내가 종유하고 싶은 사람 — 병재 박하징 ····· 165
24. 돌길이 여러 갈래로 나뉘어도 말이 절로 찾아가는구나
    — 사미정 문경충 ····· 169

25. 분수에 편안하면 몸에 욕됨이 없으리 — 안분당 권규 ·· 176
26. 세상을 잊고 자신을 잊었건만 — 안분당 이공량 ········· 184
27. 편지 전하기 어려워 삼년이나 소원했구려
    — 월오 윤규 ··· 188
28. 명경대에서 만난 벗 — 목사 강응두 ···························· 191
29. 은자를 찾아왔다가 나를 만났으니, 뭐에 소득이 있으랴
    — 안락당 이희안 ·· 193
30. 나 같이 못난 사람도 저버리지 않으시니
    — 대사간 이림 ··· 194
31. 바다에 살던 학이 뜰로 찾아오는구나 — 임당 정유길 ··· 198

□ 사진협조

제1장 벗이란

 벗이란 어떠해야 할까? 어떤 이를 진정한 벗이라 할 수 있을까? 이 물음에 답하기 위해 필자는 먼저 우리 고전 속에 들어있는 한 이야기에서 시작하려 한다. 『삼국유사三國遺事』「피은避隱」에는 우리 역사상 가장 아름다운 우정을 나타내는 대표적 일화가 실려 있다. 이는 인간과 자연이 하나 되어 서로 마음이 통하던 시절의 이야기이다.

 신라 때 관기觀機와 도성道成이라는 두 거룩한 스님이 있었다. 어느 곳 사람인지 알 수 없으나 함께 포산包山(비슬산)에 숨어 살았다. 관기는 남쪽 고개에 암자를 지어 살았고, 도성은 북쪽 굴에서 살았다. 서로 10리가량 떨어져 살았는데, 구름을 헤치고 달빛에 휘파람을 불면서 서로 왕래하였다. 도성이 관기를 부르려 하면 산 속의 나무가 모두 남쪽을 향해 굽히며 마치 영접하는 사람 같이 하니, 관기는 이를 보고 도성을 찾아갔다. 관기가 도성을 맞이하려 하면 역시 나무가 북쪽을 향해 구부러지니, 도성이 이를 보고 관기를 찾아왔다. 여러 해를 이같이 하였다. 도성은 거처하는 곳 뒤편의 높은 바위 위에 언제나 편안히 앉아 있곤 했다. 하루는 바위 틈 사이로 몸이 솟구쳐 나와 온몸을 하늘에 날리며 떠났는데, 간 곳을 알 수 없었다. 관기도 도성의 뒤를 따라 몸을 날려 세상을 떠났다. 후인들이 굴 아래에 절을 지었다.

비슬산 도성암

2
남명과 그의 벗들

어느 날 문득 벗이 무척이나 보고 싶어 그 이름을 불러보았다. 그런데 이심전심以心傳心이라 했던가. 그리운 마음에 벗을 찾아 나서던 길목의 나무들이 그 마음을 알고서, 마치 벗을 맞이하고픈 그 마음을 전하기라도 하듯 벗에게로 기울어진다. 이에 벗이 자신에게로 기운 그 나무를 보고서 찾아오는 것이다. 서로의 거처가 수백 리 수천 리에 떨어져 있어도, 얼굴을 마주하고서 말하지 않아도 서로의 마음을 이해하고 알아주는 지기知己. 이 얼마나 아름다운 이야기인가.

이는 현대인에게는 한낱 재미없고 허무맹랑한 이야기에 불과할지도 모른다. 그러나 필자와 같이 고전古典을 공부하는 사람에게는 우리 조상들의 벗에 대한 인식과 함께 삶의 여유를 느끼게 하는 유명한 일화 중 하나이다.

현대인에게 '우도友道'란 말은 이미 낯선 단어가 되었다. 사실 요즘같이 무엇이든 빨리 이루려 하고 또 상대를 이기려고만 하는 각박하고 무정無情한 경쟁사회에서 이런 아름답고 순수한 우정을 기대하기란 어려울지도 모른다. '우도'는 수천 년 이래로 우리의 삶을 지배해 온 아름다운 유산 중 하나이다. 그렇다면 벗 사이의 '우도'는 과연 어떠해야 하는가?

공자는 '우도'란 어떠해야 하는가를 묻는 제자

제1장 벗이란

공자를 모신 대성전

자공子貢에게 "진심으로 충고하여 그를 잘 이끌어 주는 것이다."[忠告而善道之]라 하였고, 증자曾子는 "군자는 문文으로써 벗을 모으고 벗으로써 자신의 인仁을 보충한다."[以文會友 以友輔仁]라고 하였다. 벗이란 그릇된 판단과 옳지 못한 상황에 처했을 때 그 잘못을 곡진히 일깨워서 바른 길로 인도하는 안내자이며, 또한 자신의 부족한 인仁을 채워 온전한 인간으로 나아가게 해주는 조력자임을 피력한 것이다. 그러므로 공자는 벗에도 유익한 벗과 유익하지 않은 벗이 있음을 구분하여, 곧고 신실하고 들은 것이 많은 유익한 벗과의 사귐을 강조하였다.

맹자는 공자보다 더 구체적인 우도관友道觀을 피력하였다. 그의 제자 만장萬章이 '우도'에 대해 질문하자 다음과 같이 답변하였다. "나이 많음을 으스대지 않고, 신분이 귀함을 으스대지 않고, 형제를 믿고 으스대지 않으며 벗하는 것이다. 벗이란 그의 덕을 벗하는 것이지 이런 것들로 으스대는 것이 있어서는 안 된다."[不挾長 不挾貴 不挾兄弟而友 友也

者 友其德也 不可以有挾也]라고 하였다.

맹자의 이 말은 시사하는 바가 많다. 진정한 벗의 사귐이란 나이나 신분으로 만나는 것이 아니라 그 사람의 덕을 벗 삼는다는 뜻이다. 벗은 제2의 자신이며, 거울 속의 자신과 같다고 했던가. 또 하나의 자신에게 신분의 고하를 내세워서 무얼 어쩌겠다는 것인가. 벗의 덕을 통해 나의 부족한 덕을 보충하고, 나아가 벗이 더 높은 경지로 진취할 수 있도록 서로가 성장의 밑거름이 되는 것이 바로 진정한 '우도'이다.

이처럼 공자·맹자가 언급한 '우도'는 우리 선현들에게서도 중요한 의식의 하나로 자리 잡았다. '우도'에 관한 언급으로는 연암燕巖 박지원朴趾源(1737~1805)의 다음 구절이 가장 대표적이라 할 수 있다.

우도友道가 오륜五倫의 끝에 놓인 것은 보다 덜 중요해서가 아니다. 마치 오행 중의 토土가 사시四時에 의지해 왕성하는 것과 같다. 부자父子·군신君臣·부부夫婦·장유長幼 사이

맹자를 모신 아성전

의 도에 붕우 간의 신의가 없다면 어찌 되겠는가? 만약 사람으로서의 떳떳한 도리를 잃으면 '우도'가 그것을 바로잡아 줄 것이니, 우도가 끝에 있으면서 뒤에서 이들을 통솔하기 때문이다.

인간 삶의 역사는 수많은 만남들로 이루어져 왔으며, 이의 대표적 관계가 바로 오륜이다. 이들 다양한 만남을 완성시키고 존속시키기 위해서는 불변의 준칙이 필요한데, 그것이 바로 '신의'라는 것이다. 그런데 이 신의는 우도를 통해 확립될 수 있다. 연암은 인간사의 모든 관계는 신의를 바탕으로 운행되며, 그래서 신의를 통한 우도가 인간사의 윤리를 이끌어간다는 것으로 그 중요성을 언급하였다. 그렇다면 남명南冥 조식曺植(1501~1572)의 벗 사귐은 어떠했을까?

제2장 남명의 교유관계

현전하는 기록 중 남명의 벗을 확인할 수 있는 자료로는 무민당无悶堂 박인朴絪(1583~1640)이 편집한 『산해사우연원록山海師友淵源錄』(1636)과, 묵재默齋 김돈金墩(1702~1770)과 어은漁隱 박정신朴挺新(1705~1769)이 편찬한 『남명선생별집南冥先生別集』(1764)의 사우록師友錄, 복암復菴 조원순曺垣淳(1850~1903)이 편집한 『산해연원록山海淵源錄』(1764), 담헌澹軒 하우선河禹善(1894~1975) 등이 편집한 『덕천사우연원록德川師友淵源錄』(1960)이 있다.

남명 사후 가장 이른 시기에 만들어진 『산해사우연원록』에는 모두 24인의 종유인從遊人이 실려 있다. 『남명선생별집』에 실린 사우록은 사실상 『산해사우연원록』과 동일한 것이며, 조원순이 편집한 『산해연원록』은 기존의 연원록에 빠진 인물을 많이 보충하였으나 완전한 모습이 아니어서 기준으로 삼기에는 부족한 점이 있다. 그리고 가장 늦은 시기의 『덕천사우연원록』은 『산해사우연원록』에 실린 24인을 포함, 이전의 모든 기록을 참고하고 가감하여 총 52인의 종유인을 수록하고 있는데, 양적으로 가장 많은 인물을 거론하고 있다. 그러나 이 또한 근세에 간행된 것인지라 자료의 신빙성을 보장할 수 없다는 문제가 있다. 『산해사우연원록』과 『덕천사우연원록』에 실린 인물들을 소개하면 다음 표와 같다.

〈표 1〉 산해사우연원록(1636) : 24인

청송聽松	성수침成守琛	대곡大谷	성운成運	규암圭菴	송인수宋麟壽
송계松溪	신계성申季誠	갈천葛川	임훈林薰	삼족당三足堂	김대유金大有
황강黃江	이희안李希顔	동주東洲	성제원成悌元	칠봉七峰	김희삼金希參
소요당逍遙堂	박하담朴河淡	경재警齋	곽순郭珣	유헌游軒	정황丁熿
일재一齋	이항李恒	동고東皐	이준경李浚慶	구암龜巖	이정李楨
소재蘇齋	노수신盧守愼	옥계玉溪	노진盧禛	첨모당瞻慕堂	임운林芸
낙천洛川	배신裵紳	개암介庵	강익姜翼	청향당淸香堂	이원李源
토정土亭	이지함李之菡	처사處士	최역崔櫟	판사判事	김희년金禧年

※ 진하게 표시된 인물은 이후의 사우록에서 문인록에 실려 있다.

〈표 2〉 덕천사우연원록(1960) : 52인

이언적李彦迪	이황李滉	김대유金大有	성수침成守琛
박하담朴河淡	성우成遇	성운成運	이윤경李潤慶
이준경李浚慶	신계성申季誠	이항李恒	임훈林薰
송인수宋麟壽	이원李源	곽순郭珣	이희안李希顔
성제원成悌元	김희삼金希參	정황丁熿	이정李楨
노수신盧守愼	이지함李之菡	노진盧禛	김희년金禧年
최흥림崔興霖	최복남崔福南	홍인우洪仁祐	이장곤李長坤
박하징朴河澄	성일휴成日休	박희삼朴希參	문경충文敬忠
정운鄭雲	권규權逵	이공량李公亮	강우姜㺀
윤규尹奎	강응두姜應斗	이희안李希顔	이림李霖
노상盧祥	신륜辛崙	성일장成日章	정백빙鄭白氷
김수문金秀文	임열任說	정유길鄭惟吉	허엽許曄
배삼익裵三益	강응규姜應奎	이세주李世柱	이경주李擎柱

물론 종유인이라 하여 모두 벗이라 칭할 수는 없다. 개인 문집이나 기타 관련 문건에서 사우록 혹은 종유록에 교유한 인물이 실려 있음을 확인할 수 있다. '사우'는 스승과 벗을 뜻하며, '종유'는 당대 저자와 친밀한 교유가 있었음을 일컫는다.

과거 선현들은 신분이나 나이 등 외적인 조건에 의해 벗을 사귀지는 않았다. 스승도 문인도 벗이 될 수 있었다. 스승이라 해도 좋을 만큼 나이차가 많음에도 그를 스승으로 분류하지 않는 경우가 있고, 문하생임에도 불구하고 벗이라 여긴 경우도 많았다. 반대로 벗이라 분류해 놓았음에도 후에 문인록에

제2장 남명의 교유관계

편입시키는 경우도 있었다. 예컨대 『산해사우연원록』의 인물 중 노진·임운·배신·강익·최억 등은 나이차 등 여러 여건으로 보아 문인으로 분류할 수 있는 인물이며, 실제로 노진을 제외한 나머지 4인은 『덕천사우연원록』에서 문인으로 분류하고 있다. 엄격히 말하면 생전의 교유에서 그 관계를 명확히 구분 지을 수 없는 인물들을 사후에 사우 혹은 문인 등으로 분류하였던 것이다. 따라서 이러한 애매모호함과 이후의 분란을 피하기 위해 사우보다는 좀 더 광범위한 의미의 '종유'를 즐겨 사용하였다. 그러나 종유록에 수록되었다 하여 모두 벗이라 할 수는 없다.

그럼에도 불구하고 필자 또한 좀 더 포괄적 개념인 '종유'에 중심을 두고서, 종유록에 기재된 인물 관련 기록은 남명의 벗으로 간주하여 소개하려 한다. 『산해사우연원록』에 기재된 인물은 적어도 남명 당대 교유했던 인물에게 직접 교유 사실을 들었거나, 아니면 그들 바

산해사우연원록과 덕천사우연원록

남명과 그의 벗들

로 다음 세대에게서 들은 사실의 기록이라 해도 좋을 것이다. 기록의 신빙성에 힘이 실린다는 말이다. 그러나 『덕천사우연원록』에 추가된 인물은 기록의 진위 여부를 판가름하기 힘든 경우가 많을뿐더러, 기록이 전하지 않는 경우도 허다하다. 실제 52인 가운데 문집이 현전하는 인물은 모두 35인이며, 문집이 전한다 하더라도 남명과의 교유 기록이 확실치 않아 그들의 교유 관계를 상고해 볼 수 없는 경우도 있다.

두 기록에는 약간의 상이점도 보인다. 『덕천사우연원록』은 『산해사우연원록』의 인물을 중심으로 교유인을 추가한 것인데, 그중 위에서 언급했듯 임운·배신·강익·최역 네 사람은 문인록에 수록되어 있다. 이들은 서술대상에서 제외하였다. 수록 순서에 있어서도 다르다. 범례에 수록하지 않아 상세히 알 수 없지만, 『산해사우연원록』은 나이보다는 친밀도에 의한 배열이었던 듯하다. 『덕천사우연원록』은 범례에서 나이순으로 수록하였다고 하나, 종유록에서의 실제 수록 순서는 나이순이 아니다.

따라서 이 책의 서술은 『산해사우연원록』과 『덕천사우연원록』의 인물을 모두 살피되 남명과의 기록이 남아전하는 경우에 한정하였다. 철저히 남명과의 교유 기록에 의거하여 신빙성을 확보하려는

제2장 남명의 교유관계

덕천서원

것이다. 차례는 친밀도에 따라 서술하고 싶었으나 이 또한 남명의 마음을 제대로 헤아리지 못하는 우愚를 범할까 두려워, 『덕천사우연원록』의 순서에 따랐다. 남명과 관련된 교유 기록이 단 한 줄이라도 남아있다면 모두 언급하여 독자들의 지적 욕구를 해소해 주는 것 또한 의미 있는 일이라 생각되지만, 종유인이라 하더라도 본서의 서술 취지인 '벗'과 맞지 않는 인물은 모두 제외하였다.

　이러한 기준에 의해 제외된 인물은 <표 2>에서 별도의 표기가 있는 21인이다. 이들 중에는 남명의 자형姉兄도 있고, 남명과 인접하여 살아 서로 밀접히 교유했을 듯하나 자료의 부족으로 살피지 못한 인물도 있다. 예컨데 노수신·홍인우·정황·허엽 등은 당대 뛰어난 학자임에 틀림없고 또한 남명 관련 연구에서 빈번하게 거론되므로, 마치 남명과 절친한 인물로 다가오기도 한다. 그러나 이들은 주로 퇴계 이황이 남명의 학문이나 사상을 이단으로 비판할 때 함께 비판받으면서 주목을 받았을 뿐, 실제로 그들과의 교유 기록은 찾을 수가 없었다.

   본문에서 채택한 인물 중에서도 애매모호한 경우가 있다. 예컨대 회재 이언적의 경우, 그를 과연 남명의 벗으로 보아야 할 것인가. 퇴계는 만남이 없었다 하나 분명 벗으로 여겼을 것이라 미루어 짐작할 수 있다. 또한 자료를 살피는 과정에서 의혹을 불러일으키는 인물도 간혹 있었다. 이러한 인물들이 과연 본 글의 목적에 부합하는가에 대해서는 차후에 논의토록 하겠다.

제2장 남명의 교유관계

제3장 남명의 벗들

1. 벼슬을 물러난 후 고향에서 만나도 늦지 않을 것이오 — 회재晦齋 이언적李彦迪

이언적(1491~1553)은 남명보다 10살 연상으로, 남명의 종유인 중 『산해사우연원록』에는 실려 있지 않고 『덕천사우연원록』에 추가된 인물이다. 현전하는 기록으로 보아 두 사람은 생전에 한 번의 만남도 갖지 않았다. 물론 독자들에게 많이 알려진 퇴계 이황은 생전에 한 번의 만남도 없었지만, 퇴계는 분명 남명의 외우畏友라 할 수 있다. 그러나 이언적은 달랐다. 두 사람의 친밀도는 그다지 좋지 않았던 듯하다. 엄밀히 말해 남명이 회재에 대해 비판하는 기록만이 남아 전할 뿐이다.

이언적을 종사하는 옥산서원

현전하는 『회재집』에는 남명과의 관련 사실을 확인할 사료가 전연 없고, 『남명집』에는 이언적의 서자 이전인李全仁이 기록한 『관서문답록關西問答錄』에 대해 남명이 자신의 견해를 피력한 「해관서문답解關西問答」이 전한다. 그 외에도 1543년 회재가 경상감사로 부임한 뒤 남명에게 만남을 청한 편지의 답서인 「답이회재答李晦齋」가 전하나, 이는 「해관서문답」의 내용을 발췌한 것에 불과하므로,

두 사람과의 관련 기록은「해관서문답」뿐이라 할 수 있다.

『관서문답록』은 이언적이 강계江界로 귀양 갔을 때 이전인이 모시고 있으면서 부친과 문답한 내용을 기록한 것이다. 이는 남명의 만년인 1565년, 이전인의 현손인 이홍희李弘熙가 출간하면서 세상에 알려지게 되었다. 그런데 이를 본 남명이「해관서문답」을 지어 시종일관 회재에 대해 비판하고 있다. 예를 들어 서자 이전인의 출생을 둘러 싼 지극히 개인적인 일이나, 이언적 부자의 문답에 대한 오류, 이언적의 출처出處와 거관居官에 대한 비판 등 몇 가지를 집중적으로 거론, 비판하고 있다. 이 중에서도 남명의 비판은 크게 이전인의 출생과 이언적의 출처에 대한 것으로 압축할 수 있다. 이미 많이 알려진 사실이기는 하나, 이전인의 출생과 관련한 일련의 사정들을 간략히 소개하여 독자들의 이해를 돕고자 한다.

이전인은 회재가 25세 되던 1515년 경주 주학州學의 교관으로 파견되었을 때 그곳 관기官妓와의 사이에서 낳은 자식이다. 그런데 경상도의 수사水使로 부임했던 조윤손曹胤孫 또한 그 관기를 마음에 두었다. 그 후 회재가 1517년 부정자副正字로 승차하여 한양으로 올라가자 조윤손이 그 관기를 데려와 버

出處

렸다. 이때 그 관기는 이미 회재의 아이를 임신하고 있었는데, 조윤손은 그 아이가 자신의 아이라 여겨 옥강玉剛이라 이름 하고, 집안의 제반 일들을 맡게 하였다.

그런데 남명은, 장인 조수曹琇의 서매庶妹가 조윤손의 서자인 조의산曹義山의 처가 되어 이미 이전인과 관련한 저간의 사정을 모두 알고 있었다. 당시 조윤손은 이미 죽은 후였고, 회재는 강계로 귀양 가서 홀로 지내고 있었다. 남명이 이전인에게 편지를 보내 아비를 찾아가라 하였고, 그는 남평 조씨 집안에서 쫓겨난 후에야 강계로 부친을 찾아가 죽을 때까지 곁에서 섬겼다.

사실 이전인의 출생에 대한 의견은 당시 조정에서도 논의가 분분하게 일어날 정도로 전국적인 가십거리였다. 평소 군자다운 수신修身과 단정한 처신處身을 강조했던 남명의 입장에서 본다면, 회재의 심산한 개인사가 마음에 들지 않았을 것이다. 또한 남명의 인척과 관련한 사건이므로 남명이 그냥 보아 넘길 수도 없었음을 짐작할 수 있다.

그렇다고 하여 한 사람의 개인사를 이렇게까지 파고들어 비판한 것에는 의혹이 없지 않다. 남명은 「해관서문답」에서 옥강이 부친을 찾아가지 않고 조씨 집안에 남아 있는 이유를 봉사손奉祀孫에게 남긴

재산을 탐냈기 때문이라 하였다. 남명은 왜 회재의 개인적인 집안사를 이렇게까지 몰아붙여야 했는가?

이는 위에서 말한 남명의 대쪽 같은 성품과도 관련이 있겠지만, 을사사화 당시 절친한 지기였던 곽순郭珣과 송인수宋麟壽 등이 처벌을 당할 때 이

옥산서원 내 신도비각

언적이 추관推官으로 있으면서도 그들을 구제하지 못한 데 대한 불만이 크게 작용했던 것으로 생각된다. 이는 남명이 「해관서문답」에서 비판한 이언적의 출처 및 거관居官에 대한 비판과도 깊은 관련이 있다.

회재는 밀양부사와 경상감사로 있을 때 남명의 학행과 명성을 듣고 조정에 유일遺逸로 천거하였다. '유일'은 학덕과 재덕을 지녀 조정의 관리가 될 자질을 갖추었으면서도 출사하지 않고 재야에 은거하는 선비를 가리킨다. 물론 남명은 이 천거를 사양하고 나아가지 않았다. 남명은 「해관서문답」에서 회재의 인물 천거에 대해 다음과 같이 비판하고 있다.

그와 한 번도 만난 적이 없으니 복고復古(이언적의 字)가 실로 나에 대해 전혀 알지도 못할 것인데, 어찌 나의 선악을 알겠는가? 남의 선악을 알지도 못하면서 다른 사람의 이야기만 듣고 문득 임금에게 천거했으니, 남의 이야기만 듣고서 나를 칭찬하였다면 훗날 반드시 다른 사람의 이야기만 듣고서 나를 비난할 것이다.

물론 이 기록에 보이는 남명의 감정은 천거 당시의 생각이 아닐 수 있다. 『관서문답록』이 1565년 간행된 이후 남명이 이를 보고 기록한 것이니, 그때는 이미 1545년 을사사화 이후 그에 대한 감정이 악화되어 있을 때였고, 유일천거는 1543년 회재가 경상감사로 부임한 이후에 이루어진 것이기 때문이다. 그럼에도 위 내용으로 본다면 회재는 피천거인에 대해 제대로 알지도 못하면서 소문만 듣고 천거를 한 것이니, 이는 천거인으로서의 직무를 다하지 못한 것이 된다. 남명은 회재의 인물 천거관 자체를 부정하고 있는 것이다.

뿐만 아니라 회재는 경상감사 시절 남명에게 여러 번 서신을 보내 만나자고 청하였는데, 남명은 이에 대해서도 정중히 거절하였다.

거자擧子(과거시험 응시자)의 신분으로 어찌 감사를 찾아갈 수 있겠습니까? 다만 생각건대 옛 사람

양동마을(양강리) 전경

은 네 조정에 걸쳐 벼슬하였지만 조정에 있었던 것은 겨우 40일이었습니다. 저는 상공께서 벼슬에서 물러나 고향으로 돌아갈 날이 멀지 않을 것이라 생각합니다. 그때 제가 각건을 쓰고 안강리安康 里 댁으로 찾아가 뵈어도 늦지 않을 것입니다.

남명의 삶에 있어 무엇보다 중요한 것은 엄정한 출처관이었다. 그가 출처에 있어 누구보다 엄격했음은 단순히 일생 동안 한 번도 출사하지 않았음을 의미하는 것이 아니라, 그만큼 출사와 퇴처退處를 중시했음을 나타낸다. 나아가야 할 때와 그렇지 않은 때, 자신의 역량이 갖추어졌는가 그렇지 않은가

제3장 남명의 벗들

에 대한 적절한 판단을 출처의 중요한 요인으로 여겼던 것이다.

따라서 당시 상공이었던 회재의 출처에 대해서도 도리에 맞지 않다고 여겨, 그가 만나려 해도 선뜻 나아가려 하지 않았던 것이다. 남명은 도리어 회재에게 주자朱子가 일찍이 관직에 나아가 4대 황제를 거치는 동안 실제 내직에 있었던 것은 46일이라는 사실을 언급해 주면서, 그가 오랫동안 관직에 머무는 것을 비판하면서도 하루 속히 물러날 것을 종용하였다.

그러나 두 가지 측면의 이러한 비판은 남명의 지극히 개인적 감정이 개입된 것으로 보인다. 문중이나 벗들과의 악연으로 인해 남명 자신조차도 그러한 감정의 고리를 끊지 못했던 것이다. 이는 이전인의 부탁으로 회재의 행장을 지어 학문과 덕행을 추숭했던 퇴계의 호의적인 평가와는 대조를 이룬다. 남명은 이전인의 출생에 대한 비판뿐 아니라 『관서문답록』 내용의 잘잘못을 여기저기서 지적하고 있다. 반면 퇴계는 행장에서 서자인 이전인의 이름과 공로를 인정하고, 실제로 '이전인이 없었다면 이언적도 없었을 것'이라 하였으니, 이언적의 추숭에 있어 이전인의 공로는 지대한 것이었다.

그럼에도 불구하고 회재가 『덕천사우연원록』의

종유록에 추가되고 그것도 첫 인물로 등재되었던 것은 남명 사후 남명학파의 전개양상과 긴밀한 관련이 있다. 남명의 고제高弟인 정인홍鄭仁弘을 위시한 북인北人 정권이 인조반정으로 실각하자, 남명학파 또한 몰락하여 퇴계학맥을 잇기도 하고, 기호畿湖 노론계 문인이 되기도 하는 등 그 명맥을 유지하지 못할 정도로 쇠락하였다. 그러나 17세기에 이르러서는 남명의 후학들이 퇴계학파의 문하에서 수학하였지만 남명학과 퇴계학의 융합을 시도하는 경향이 생겨났고, 18세기에 이르면 한층 진전되어 남명을 퇴계와 동등하게 존모하는 인식도 나타났다. 이러한 분위기가 19세기에도 지속되었는데, 이것이 『덕천사우연원록』 편찬 시 이언적의 등재에 지대한 영향을 끼쳤을 것으로 보인다.

이언적의 퇴처지 독락당

제3장 남명의 벗들

2. 같은 해에 나고 같은 도에 살면서 일생 만나지 못했으니, 천명이 아니랴
― 퇴계退溪 이황李滉

남명과 퇴계 이황(1501~1570)과의 관계는 참으로 묘하다. 그들은 같은 해에 태어나 같은 시대를 살았고, 비록 지리적으로 가깝다고 할 수는 없지만 같은 도에서 70년을 함께 살면서 한 번도 만나지 않았다. 당시의 시대적 분위기가 그들이 만나서는 안 될 만큼 경색된 것도 아니었으며, 그렇다고 서로가 헐뜯고 비난하는 대척의 관계도 아니었다. 그들은 서로를 진심으로 존중하고 아끼는 외우畏友였다.

18세기 대표적 학자였던 성호星湖 이익李瀷(1681~1763)은 『성호사설星湖僿說』에서 당대 남명과 퇴계가 차지하던 위치에 대해 다음과 같이 언급하였다.

> 단군시대는 원시적이어서 문화가 개척되지 못했고, 천백여 년을 지나 기자箕子가 동쪽 지방에 봉함을 받게 되면서 암흑이 걷혀졌으나, 그것도 한강 이남까지에는 미치지 못하였다. 9백여 년을 지나 삼한三韓 시대에 이르러 이 지역의 경계선이 모두 정해져 삼국의 영토가 정해졌고, 또 천여 년을 지나 우리 왕조가 창건되면서 문화가 바로 열렸다. 중세 이후에는 퇴계가 소백산 밑에서 태어났고, 남

명이 두류산 동쪽에서 태어났다. 모두 경상도의 땅인데, 북도에서는 인仁을 숭상하였고 남도에서는 의義를 앞세워, 유교의 감화와 기개를 숭상한 것이 넓은 바다와 높은 산과 같게 되었다. 우리의 문화는 여기에서 절정에 달하였다.

성호의 말에 따르면 남명과 퇴계는 당시 조선 남방의 학문과 문화를 인도하는 우뚝한 두 봉우리였다. 누구 하나 앞서지도 뒤처짐도 없이, 한 사람은 남쪽에서 또 한 사람은 북쪽에서 각자의 신념대로 살아, 당대는 물론 후학인 성호에 이르기까지 추앙을 받는 인물이었다. 우리나라의 문명은 그들에 의해 '절정에 이르렀다고 칭송하였다. 그럼에도 그들은 한 번도 만나지 않았다. 한 번의 만남도 없었지만 그들은 일생을 두고 서로를 그리워하였다.

『남명집』에는 퇴계에게 보낸 2통의 편지가 전한다. 한 통은 1553년 남명이 전생서 주부典牲署主簿에 제수되었는데도 출사하지 않자 퇴계가 출사를 권하는 글에 대한 남명의 답서이고, 나머지 한 통은 바로 아래의 글이다.

> 평생 마음으로만 사귀면서 지금까지 한 번도 만나지 못했습니다. 앞으로 이 세상에 머물 날도 얼마 남지 않았으니, 결국 정신적 사귐으로 끝나고 마는 것인지요? 인간의 세상사에 좋지 않은 일이

제3장 남명의 벗들

산천재에서 본 지리산

많지만, 어느 것 하나 마음에 걸릴 것이 없는데 유독 이 점이 제일 한스러운 일입니다. 선생께서 한번 의춘宜春(의령)으로 오시면 쌓인 회포를 풀 날이 있으리라 매번 생각하고 있었는데, 아직까지도 오신다는 소식이 없으니, 이 또한 하늘의 처분에 모두 맡겨야 하겠습니다.

64세 되던 해에 퇴계에게 보낸 편지이다. 살 날이 얼마 남지 않은 노인이 일생 그리워하는 지기를 만나지 못한 데 대한 안타까움이 절절이 배어 있다. 『성호사설』에는 경오년(1570)에 퇴계의 부음을 들은 남명이 슬픔을 이기지 못하고 눈물을 흘리며 "같은

도산서당

해에 태어나고 같은 도에 살면서도 70년을 두고 서로 만나지 못했으니, 어찌 천명이 아니겠는가?"라는 말로써, 퇴계와의 각별한 마음을 표현하였다고 한다.

반면 『퇴계집』에는 남명에게 보낸 3통의 편지가 전하는데, 출사를 권하는 위의 편지 외에도 출처의 도리를 논하거나 서로에 대한 그리움을 표현하고 있다. 한국고전번역원 홈페이지의 『퇴계집』에서 '남명·건중楗仲'이란 키워드를 치면 모두 53개의 기록이 보인다. 그 중 퇴계가 문인에게 보낸 편지에서 남명의 근황이나 학문 등에 대해 언급한 것이 무려 20여 곳이나 된다. 그만큼 퇴계는 남명을 늘 염두에

제3장 남명의 벗들

뇌룡정

두고 있었던 것이다.

 그러나 두 사람이 늘 이렇듯 서로 애틋하고 경외하는 관계를 유지한 것은 아니었다. 남명과 퇴계의 직접적 언급을 중심으로 살펴보면, 퇴계에 대한 남명의 비판은 없는데 비해, 남명에 대한 퇴계의 비판은 여러 곳에서 나타난다. 사실 남명 당대에 일었던 남명에 대한 비판은 바로 퇴계에게서 시작되었으며, 또한 퇴계가 가장 심했다고 할 수 있다. 퇴계는 주로 문인과의 문답에서 남명에 대해 비판하는 언급을 보였다.

 퇴계의 비판은 대체로 '노장老莊에 물들었다'와 '학문이 깊지 않다'는 것으로 축약할 수 있다. 이를 좀 더 구체적으로 살펴보자. 남명이 노장사상에 물들었다는 것으로는 대체로 '남명'이라는 호號와, 뇌룡정雷龍亭·계부당鷄伏堂 등 남명이 살았던 복거지卜居地의 명칭 등을 제시한다. 그러나 남명의 문집에서 노장사상을 읽어낼 만한 직접적 작품을 찾아내기란 쉽지 않다. 그럼에도 후대까지 노장은 물론 양명학·도가수련에 물든 인물로 비판을 받은 것은, 퇴계가 남명과 그의 절친한 벗인 성운成運을 아울러 '노장의 무리'로 지목한 것에서 비롯되었다. 이후 후세의 학자들은 조금의 의심 없이 그를 '노장의 무리'로 평가했으며, 지금까지도 그렇게 인식하고 있는 실정이다. 그러나 남명의 작품에서는 퇴계가 노장사상이라 일컬은 그 성향이 극히 미미함을 알 수 있다.

물론 이러한 퇴계의 비판은 남명과의 학문적 견해 및 방법의 차이에서 기인하는 것임을 기왕의 여러 연구에서 충분히 밝히고 있다. 그렇지만 퇴계의 의도가 무엇이었든 표면적으로만 본다면, 더구나 퇴계에 대한 남명의 비판이 없었다는 점에서 본다면, 남명에 대한 퇴계의 이러한 언급은 과했다는 평가를 피할 수 없을 듯하다.

그들은 만나지 않은 것인가, 만나지 못한 것인가. 언젠가 남명학南冥學을 강의하는 분에게서 이런

제3장 남명의 벗들

가설을 들은 적이 있다. 만약 당대에 남명과 퇴계가 만났더라면 어떻게 되었을까 하는 것이었다.

상상해 보라. 당대 우뚝한 봉우리였던 두 거유巨儒가 길일을 잡아 회동을 한다. 물론 그들의 뒤에는 문하의 기라성 같은 제자들이 구름처럼 뒤따를 것이다. 이름만 들어도 당대를 떠들썩하게 했을 제자들을 대동한 채 모某 장소에서 만난다. 처음에는 짐짓 예를 갖추어 삼엄한 분위기가 흐를 것이나, 이내 자신들의 학문적 주장을 내세우며 치열한 논쟁을 벌일 것이다. 그 회담장의 분위기가 상상이 되는가. 어쩌면, 험악하게 상상한다면 그 회담장은 서로의 주장을 내세우며 고성이 오갔을 것이며, 심한 경우는 두 문하 간에 물리적인 충돌이 일어났을지도 모를 일이다. 마치 요즘의 국회에서 자주 보는 풍경처럼 말이다. 어쩌면 남명과 퇴계는 이러한 결과가 나타날 것을 서로가 인식하고서 무언의 약속이나 한 듯 서로의 만남을 꺼려하며 피했는지도 모르겠다.

퇴계는 처가인 의령에 들렀다가 진주에 이르러 남명에게 시를 남기기도 했지만, 끝내 만나지 않았고 만나려 애쓴 흔적도 없다. 퇴계가 의령에 왔다가 단성丹城에 사는 또 한 사람의 동년우同年友인 청향당淸香堂 이원李源을 찾은 적은 있지만, 단성과 멀지 않은 덕산德山에 기거하던 남명을 찾지는 않았다.

두 사람은 진정 서로 만나기를 꺼려했던 것일까?

이원의 『청향당집』에는 그의 후손들이 문집 간행 시 도산서원의 서재인 광명실光明室에서 찾은 퇴계의 시 12수와 편지 13통이 전한다. 남명과 퇴계, 그리고 청향당은 모두 같은 해인 1501년에 태어났다. 더구나 퇴계와 청향당은 처가가 모두 의령이었는데, 퇴계는 한양 관직에 있는 동안 처가에 상사喪事가 생기면 청향당에게 그 처리를 부탁할 만큼 절친한 사이였다. 청향당은 일생 단성에 거주하면서 인근지역의 남명과도 절친하였고, 예안禮安의 퇴계와도 막역하였다. 남명과 퇴계가 일생 한 번도 만나지 않았는데, 진심으로 두 사람이 만나기를 원했다면 청향당이 그 만남을 주선했을 것이다. 아니면 서로의 문하를 함께 드나든 제자들이 많았으니, 그들을 통해서도 가능했을 것이다.

청향당이 두 사람의 만남을 주선하지 않은 것에 대해서는 후대의 학자들도 의혹을 가졌던 것으로

퇴계의 묘비

제3장 남명의 벗들

아호서원

보인다. 연암燕巖 박지원朴趾源(1737~1805)이 쓴 청향당의 묘지명을 보자.

우뚝한 저 두 어진 이	卓彼兩賢
동·남쪽으로 떨어져 있었네.	離立東南
지리적으로 세상과 함께 함이 저와 같았고	地之與世旣如彼
도를 도모하는 바 또한 이와 같았네.	道之所謀又如是
그러나 취성聚星의 수레는 오지 않았고	然而聚星之車不來
아호鵝湖의 자리는 열리지 않았네.	鵝湖之席不開
어찌 마음이 맞지 않았으랴마는	豈其有不契者歟
후생은 더욱 의혹스럽기만 하네.	而後生之滋惑
오직 선생만은	夫惟先生
양쪽을 드나들며 싫어함이 없었네.	兩在無射

남명과 그의 벗들

취성취성聚星의 수레는 송나라 때 구양수歐陽脩가 여음태수汝陰太守로 있을 때 소설小雪이 되면 날마다 객과 함께 취성당에 모여 시를 지었다는 데서 유래한다. '취성'이란 말은 덕성德星이 모여든다는 뜻으로, 여기서는 남명과 퇴계가 찾아가 만난다는 의미로 쓰였다. 아호鵝湖는 중국 강서성江西省 연산현鉛山縣에 있는 산 이름이다. 이 산 아래 아호사鵝湖寺가 있었는데, 송나라 때 여조겸呂祖謙의 권유로 학문 성향이 다른 주자朱子와 육구연陸九淵 형제가 만나 함께 학문을 강론하였다. 취성의 수레가 오지 않았다거나 아호의 자리가 열리지 않았음은 모두 남명과 퇴계가 만나지 않았음을 강조한 것이다. 특히 아호의 자리를 주선했던 여조겸의 역할을 청향당이 했어야 했는데, 그렇지 않은 것에 대해 연암도 의혹스럽다고 하였다.

주자와 육구연 형제의 난상토론

그랬을까. 그들은 서로의 만남을 의도적으로 회피했던 것은 아닐까. 만남보다는 만나지 않음으로써 서로를 존중해주는 아름다운 만남을 지향했는지도 모르겠다. 어쩌면 이것은 그들의 탁월한 선견지명先見之明이었고, 그리고 어쩔 수 없는 그들의 선택이었을지도 모른다. 그렇게 믿고 싶다.

3. 유독 천하의 훌륭한 선비로 보증했던 벗
—삼족당三足堂 김대유金大有

경상북도 청도淸道 학일산鶴日山의 줄기가 동창천東倉川을 따라 뻗어 내리다 수그러드는 기슭 절벽에 우뚝하니 서 있는 정자가 있다. 앞에는 맑은 동창천이 유유히 흐르고, 정자 마루에서 내려다보면 세상을 품에 안은 듯 탁 트인 절경이 펼쳐져 있다. 이곳이 바로 삼족당 김대유(1479~1552)가 만년에 기거하던 삼족대三足臺이다.

김대유의 자는 천우天佑, 본관은 김해며, 삼족당은 그의 호이다. 탁영濯纓 김일손金馹孫(1464~1498)의 조카이다. 5대조 때 김해에서 청도 운계리雲溪里로 옮겨 와 세거하였다. 삼족당이 태어나는 그해 같은 고향에서 소요당逍遙堂 박하담朴河淡이 태어나, 두 사람은 조석朝夕으로 왕래하며 절친하였고 일생 뜻을 함께 하는 친구로 사귀었다. 박하담은 남명의 벗이기도 하다.

8세 때 숙부인 탁영에게 『소학』을 배웠으며, 10세에 탁영이 운계정사雲溪精舍를 지어 강학하자 숙부를 찾아온 남효온南孝溫・홍유손洪裕孫・정여창鄭汝昌・김굉필金宏弼 등 당대 명현들을 만났다. 이들과의 만남에서 얻은 바가 많았을 것으로 여겨진다. 1498년 무오사화가 일어나, 김

삼족대 전경

일손은 사형 당하고 삼족당과 그의 부친은 남원에 유배되었다가 중종반정 때 풀려났다.

29세인 1507년 진사시에 합격하였고, 40세인 1518년 유일遺逸로 천거되어 전생서 직장典牲署直長에 제수되었으나 곧 사직하였다. 이 해에 박하담과 함께 동창東倉을 설립하여 빈민구제에 힘썼다. 41세 때인 1519년 성균관 전적成均館典籍에 제수되

제3장 남명의 벗들

운계정사

고 사간원 정원이 되었는데 사양하고 나아가지 않았다. 여러 차례 관직에 제수해도 나아가지 않자 외직인 칠원현감漆原縣監에 제수되었다. 그러나 삼족당은 부임하였다가 정국의 기미를 보고 몇 달 만에 물러나 운문산雲門山 아래 우연愚淵 가에 집을 짓고 '삼족당'이라 이름하였다. 이 해에 기묘사화가 일어나 관작을 모두 삭탈 당하였고, 이후 출사하지 않았다. 교유한 이로는 조식·박하담 외에도 주세붕周世鵬·김극일金克一·유호인兪好仁·신계성申季誠 등 당대 석학들이 있다.

삼족당을 가장 잘 이해했던 벗은 남명이었다. 그들은 20여 세의 나이차에도 불구하고 절친한 망년우忘年友였다. 현전하는 『삼족당일고』에는 삼족당에 대한 남명의 언급이 많이 전한다. 특히 두 사람과 관련하여 남명의 사우록에 실린 크고 작은 일화들이 발췌되어 전해진다. 예를 들어 남명이 삼족당을 방문하여 함께 잠을 자다가 그를 깨워, 조만간에 벼슬이 내려질 거라는 소문을 전하였다. 그러자 삼족당이 벌떡 일어나 "그것이 누구의 말이오?"라고 반문한 것을 두고, 남명은 "그가 항상 재주와 기량을 세상에 베풀기를 생각하고 있기에 내가 시험해 본 것인데, 과연 관작에 마음이 흔들렸다."라고 하였다. 그 외에도 삼족당은 임종 때 노복에게 음악을 울리게 하면서 숨을 거두었는데, 이를 두고 남명은 삼족당이 생사에 대해 초연하지 못했기 때문이라고도 하였다.

이러한 언급들은 삼족당에 대한 남명의 깊은 이해를 반영한다. 절친한 지기라 하더라도 그 사람의 내면과 소통하지 않았다면 가능치 않기 때문이다. 칭송 일색의 여타 기록과는 달리 두 사람의 진솔한 사귐을 엿볼 수 있겠다.

> 나이 60세가 넘었으니 목숨도 족하다. 사헌부와 사간원에서 벼슬을 했으니 영예도 족하고, 조석으로 고기반찬을 먹으니 음식도 족하다. 내가 보기에는 수신修身의 쓰임에 족하고, 제가齊家의 쓰임에 족하고, 치국治國의 쓰임에 족하니, 사는 집을 삼족三足이라 한 것이 마땅하지 않겠는가. 주인은 모습이 두려워할 만하고 얼굴빛이 장엄하고 말에 신용 있는 것이 또한 아름답지 않은가. 때에 어두우면 영욕이 이르지 않아 내 몸을 보존할 수 있고, 일에

제3장 남명의 벗들

삼족대기

어두우면 비방과 칭찬에 마음이 움직이지 않아 내 마음을 기를 수 있고, 욕심에 어두우면 하는 것이 분수를 넘지 않아 내 분수에 편안할 수 있다. 이것이 우연愚淵 가에 집을 짓고 삼족당이라 이름 붙인 뜻이다. 〈書金天祐三足堂記後〉

이 글은 박하담이 삼족당에 쓴 기문으로, 그의 삶을 단적으로 표현하고 있다. 김대유의 '삼족'은 대체로 수족壽足·영족榮足·식족食足의 뜻을 취한 것이다. 그리고 그 이면에는 자연 속에 살며 둔세무민遯世無悶하겠다는 의지를 드러낸 것이다. 세상이 어지러워 출사하지 않더라도 수신에 힘쓰면 충분하다는 것이다. 삼족당의 이러한 처세는 박하담뿐만 아니라 남명을 비롯한 당대 석학들의 공감대를 형성하였던 것으로 보인다. 특히 남명의 허여는 남다른 데가 있었다.

삼족대 현판

　세상을 뒤덮을 만한 영웅인데 지금은 세상을 떠나고 없으니, 아! 애석하다. 내가 남을 보증하는 경우가 대체로 드문데, 유독 천하의 훌륭한 선비로 인정해주는 사람이 공이다. 어떤 때에 보면 단아한 모습으로 경사經史를 토론하는 큰 선비이고, 또 다른 때에 보면 훤칠한 키에 활쏘기와 말달리기에 능숙한 호걸이다. 홀로 서당에 거처하면서 길게 노래를 부르고 느릿느릿 춤을 추기도 하는데, 집 안 사람들은 아무도 그의 의중을 짐작하는 이가 없었다. 이는 그가 타고난 본성을 즐겨 노래하고 춤추는 때였던 것이다. 자연에 몸을 맡겨 낚시하고 사냥할 때에는 당시 사람들이 관직에서 쫓겨난 사람인 줄 알았는데, 이는 세상을 피해 숨어사는 것을 근심하지 않고 재주를 감춘 것이었다.

　이는 남명이 삼족당 사후 지은 묘지墓誌의 언급이다. 남명은 그 처세나 성품이 강직하고 또 현실과의 타협이 없는 강단 있는 인물이었다. 그랬던 그가

제3장 남명의 벗들

삼족당만은 진정한 선비로 허여하고 있다. 더구나 세상을 뒤덮을 만한 재주를 지닌 큰 선비인데도 세상에 쓰이지 못하여 숨어산다고 하였다. 재주 있는 자가 세상에 쓰이지 못하는 안타까움은 삼족당에게도 예외가 아니었다. 그러면서도 원망하거나 근심하지 않고 자연에 몸을 맡겨 자족하며 산다고 하였다. 신계성申季誠은 이러한 삼족당의 삶을 일러 '기상이 넓고 커서 구애되지 않는 기품이 있다'고 하였다. 이는 남명의 처세와도 다르지 않다. 아마도 이러한 면들이 그들을 일생의 벗으로 이끌었으리라.

나이를 초월한 두 사람의 사귐은 삼족당이 세상을 떠난 후에도 계속되었다. 삼족당은 생전에 집안이 풍족한 편이었다. 그런 그가 임종에 임하여 가난한 벗인 남명을 걱정하여 아들에게 해마다 곡식을 보내줄 것을 유언으로 남겼다. 그러나 남명은 벗의 따뜻한 마음에 감사하면서도 이를 완곡히 거절하였다. 「삼족당이 유언으로 해마다 보내 주라 한 곡식을 사양하며」[辭三足堂遺命歲遺之粟] 란 시에서, 사마광司馬光이 절친한 벗인 유도원劉道源의 가난을 염려하

삼족대 밑 신도비

여 옷가지 몇 벌을 보내왔는데 유도원이 이를 돌려 보냈음을 강조하면서, 벗의 마음만 받고 곡식은 받지 않았다. 까닭 없이 남의 도움을 받는 것은 선비가 할 바가 아니라 여겼던 것이다. 시공간을 초월한 두 사람의 우정이 그저 부럽기만 하다.

4. 간과 폐를 다 주어도 아까울 것이 없건만
― 청송聽松 성수침成守琛

성수침(1493~1564)은 남명의 절친한 지기였던 대곡大谷 성운成運과 사촌 간으로, 4살 연상이다. 그들은 어려서부터 같은 한양에 살면서 상당한 친분이 있었을 것으로 보인다. 20대 초반에 기묘사화를 경험한 대곡은 정치 현실에 회의를 느꼈고, 이즈음 북악산으로 물러나 있던 청송의 처세에 상당한 영향을 받았다. 그리하여 대곡은 인물을 논할 때마다 공명에 대한 생각을 끊고 학문에 전념한 청송을 제일로 꼽았다.

선생은 어려서 큰 뜻이 있었고 재주와 기품도 뛰어나 한 세상의 교화를 감당할 만 하다고 했었다. 학문이 진작되고 식견이 높아질 즈음 세상에 도가 없어져 이미 인심은 와해되었고, 나라에 선정

성수침의 글씨

善政이 없으며, 큰 가르침이 행해지지 않고, 풍속은 경박해지고 날로 천박해져 만회하기 위해 힘쓰려 하나 손 댈 만한 곳이 없었다. 하물며 현로賢路가 험하여 선비가 대부분 뜻을 잃고, 사정邪正이 서로 기울어져 화기禍機가 몰래 나타나는 데 있었으랴! 이때를 당하여 비록 왕정王庭에 몸을 세워 이 세상에 힘을 펼치려 했지만, 도와 때가 어긋나 결국 그가 배운 바를 실행할 수 없었다. 내 뜻을 행할 수 없는 시기임을 알면서도 구차하게 영달과 명예를 사모하여 작위를 다투어 취한다면, 몸은 비록 현달할지라도 도는 굴복하게 된다. 나는 마음으로 그것을 부끄럽게 여긴다. 감추어 두고 물러나 명성을 드러내지 않고 산과 들 사이에 거처하면서 성리性理의 오묘함을 궁구하고, 몸을 닦고 독선獨善하며 평생 소요하는 것만 못하니, 이것이 선생의 뜻이다. 〈「聽松先生遺事」〉

대곡의 말에 의하면, 그는 세상을 선도할 능력과 자질을 지녔으면서도 때가 여의치 않아 은거를 택하여, 용사행장用舍行藏의 태도를 철저히 지켰던 인물이다. 나아가 뜻을 펼칠 만하면 나아가고 그렇지 못하여 내 뜻을 숨겨야 할 때라면 과감히 물러나 은거하는 삶, 때가 적절치 못하다 하여 비굴한 것이 아니라, 그는 '목숨을 걸고 바른 도를 지킬 수 있는 사람'[守死善道]이었던 것이다.

이 점에 있어서는 남명도 마찬가지였다. 남명은 어려서 부친 조언형曺彦亨을 좇아 26세까지 한양에서 살았는데, 이때 대곡과 이웃하여 지냈다. 기록에 의하면 어느 날 북악산 아래에 살고 있는 성수침을 방문했는데, 그의 은자적인 생활을 목격하고 마음 속으로 기뻐하며 고향으로 돌아갈 뜻을 지니게 되었고, 부친이 사망하는 26세 때 고향에서 장례를 치른 후 상경하지 않았다고 한다. 이후 남명과 청송은 20여 년 동안 한 번도 만난 적이 없었다. 그럼에도 남명이 일생 출사하지 않고 퇴처退處할 수 있었던 밑바탕에는 바로 청송에게서 받은 감화가 있었다. 이는 남명의 편지에서 청송을 일컬은 호칭에 '장丈' 자를 쓴 데서도 알 수 있다. 남명은 청송을 벗이면서도 예우와 존모의 대상으로 여겼던 것이다.

청송의 자는 중옥仲玉, 호는 청송 외에 죽우당竹雨堂·파산청은坡山淸隱·우계한민牛溪閒民이 있다. 시호는 문정文貞이며, 본관은 창녕이다. 우계牛溪 성혼成渾의 부친이다. 아우 성수종成守琮과 함께 조광조趙光祖에게 나아가 배웠는데, 영달과 재기才氣에 있어서는 동생 성수종을 인정하지만, 돈후한 인품에 있어서는 성수침을 칭송하였다고 한다.

제3장 남명의 벗들

기묘사화가 일어나 조광조 등 많은 선비들이 화를 당하자 백악산白岳山 기슭에 독서당을 지어 '청송당'이라 이름하였다. 그 속에서 다양한 서적을 두루 섭렵하며 학문하는 것으로 즐거움을 삼았다.

1541년 천거되어 후릉참봉厚陵參奉에, 1552년 토산현감兎山縣監에, 1564년 조지서 사지造紙署司紙에 임명되었으나 모두 나아가지 않았다. 죽을 때에는 집안이 가난하여 장례를 지낼 수조차 없었고, 이에 사간원의 상소로 나라에서 관과 곡식 등 장례에 필요한 물품과 비용을 지원하였다. 그의 일대기를 파악할 수 있는 작품으로는 대곡 성운의 「청송선생유사聽松先生遺事」와 율곡栗谷 이이李珥의 「청송성선생행장聽松成先生行狀」이 대표적이고, 그 외 『명종실록』에 실린 성수침의 졸기卒記 정도가 전부이다.

남명과 관련한 일화는 전하는 것이 많지 않다. 남명이 을묘년에 올린 사직소辭職疏에서 시정時政의 폐단을 준엄하게 비판하고, 나아가 명종을 '나이 어린 고아'에, 문정왕후를 '구중궁궐 안의 과부'에 비유하여 온 나라를 떠들썩하게 했던 사건은 익히 알려진 내용이다. 청송이 남명의 어투가 너무 격렬한 것을 보고서 "오랫동안 건중楗仲(남명의 字)을 만나지 못하여, 나는 이미 그의 성정이 원활해졌으리라 생각했다. 그런데 지금 이 사직소에 가시를 너무 드러낸 것을 보니, 아직도 그 공부가 원숙하지 못한 듯하다. 그의 실천공부의 진도를 알 것 같구나."라고 하였다는 정도다. 그러나 이 기록의 진위 여부는 정확히 알 수 없다.

『남명집』에는 청송에게 보낸 세 통의 편지가 실려 있다. 1552년 11월에 쓴 것과 1555년 봄에 쓴 것은 모두 시를 청하는 청송의 편지에 답한 글이다. 내용상으로 보아 청송이 자신의 문집에 실을 시를 구했는데 이에 대한 답서이다. 『청송집』의 「파산坡山」 시에는 모두 23인의 당대 저명한 학자들의 화운시가 붙여져 있다. 그런데 1552년에 답시를 보냈는데, 3년 후 다시 고쳐 보내라는 서신을 받고 1555년에 고쳐서 보낸다는 내용이다.

대마도 바다는	馬之島海
노인성이 뜨는 끝이요.	老人之角
파주의 강물은	坡之江水
직녀가 빨래하는 곳이라네.	織兒之濯
그대 멀리 떨어져 있어도	之子之遠
그 도를 걱정하는구나.	而道之憂
언제나 만나볼 수 있을까?	曷之覯乎
꿈에서나마 만나 놀았으면.	要之夢遊

남명이 청송에게 보낸 「중옥 어른께 올리다」[奉上仲玉丈]란 시의 전문이다. 거리상으로 멀리 떨어져 있고, 게다가 오랫동안 만나지 못한 안타까운 마음에

제3장 남명의 벗들

꿈에서라도 만날 수 있기를 염원하고 있다. 남명은 이 외에도 청송에게 올린 답서에서 "간과 폐를 나누더라도 아까울 것이 없는데, 종이쪽지에 시 몇 글자 써서 올리는 것이 무에 힘든 일이겠습니까?"라는 말로써, 청송에 대한 애틋한 그리움을 드러내었다.

성수침에 대한 당대의 평가는 어느 처사들보다도 고상하고 추앙 받는 것이었다. 예컨대 "성수침은 효행이 남다르고 청렴함으로 자신을 지켰으며, 학문은 경사經史에 통달하였다. 한가히 지내면서 홀로 즐겼고 과거시험에 나아가지 않았으니, 비록 옛 일민逸民에 견주어도 전혀 부끄러울 것이 없다."라고 한 것이나, "일사逸士는 숨어살면서 남이 알까 걱정하지만 그 맑은 절의는 충분히 세상에 모범이 되며 풍속을 가다듬게 합니다. 오늘날의 성수침과 조식이 바로 그러한 사람들입니다."라고 한 평가에서 그가 당대 최고의 찬사를 받았음을 알 수 있다.

청와대 뒤 북악산

5. 운문산 속 또 한 사람의 벗
― 소요당逍遙堂 박하담朴河淡

　남명이 살았던 16세기 경상북도 청도淸道의 큰 인물을 손가락으로 꼽는다면 탁영濯纓 김일손金馹孫과 그의 조카이자 남명의 절친한 지기였던 삼족당三足堂 김대유金大有가 있으며, 그리고 청도의 세족인 밀양 박씨 문중의 두 아들을 들 수 있다. 박씨 문중의 아들은 소요당 박하담(1479~1560)과 둘째인 성와城窩 박하청朴河淸, 셋째인 병재甁齋 박하징朴河澄인데, 그중 둘째는 생애가 자세치 않아 확인할 길이 없고, 박하담과 박하징은 남명의 종유인으로 거론되고 있다.
　삼족당 김대유를 소개하는 글에서도 언급했듯 박하담을 온전히 이해한 단 한 사람은 단연 김대유이다. 둘은 일생 출사보다 퇴처의 삶을 일관하였고, 두 집안이 인접해 있었을 뿐만 아니라 그들의 거처 또한 지척이었다. 두 사람은 같은 곳에 살면서 삶의 처세나 학문적 성향, 지역민을 위해 사창社倉을 창설하는 등에 이르기까지, 마치 둘이면서도 하나인 듯 서로를 이해하고 받아들였다. 박하담과 김대유와의 교유에 대해서는 김대유를 소개하는 글에서

김대유와 박하담을 모신 선암서원

이미 어느 정도 언급하였다.

　박하담은 일찌감치 과거시험을 단념하고 일생 출사하지 않아 후세의 관련 기록이 많지 않다. 게다가 그의 연보에 의하면 1519년 기묘사화가 일어나 조광조 일파가 죽임을 당하자 자신의 원고를 모두 불태워 버렸으며, 그나마 보전되던 것들도 임진란을 겪으면서 유실되었다고 한다. 그러므로 여기서는 19세기 그의 후손에 의해 간행된 「소요당일고」의 기록에 의거해 남명과의 관련 기록을 중심으로 엮어보고자 한다.

　현전하는 『소요당일고』는 모두 5권 2책인데, 그

중 시는 50여 수가 전한다. 대략 풍경을 읊은 것과 대상인물을 두고 지은 것으로 양분할 수 있는데, 후자의 작품으로는 박하담의 두 동생에게 준 것과 삼족당 및 남명에게 준 것이 대부분이다. 그 외 성수침成守琛 형제가 우계牛溪에서 시묘侍墓한다는 소식을 듣고 방문하여 위문하며 준 시도 전한다. 『소요당일고』에 전하는 남명 관련 작품에서 두 사람의 교유를 유추해 볼 수 있는데, 이에 대해서는 경상대학교 남명학연구소에서 발행하는 학술지인 『남명학연구』 6집에 실린 「소요당일고 해제」(김윤수, 1996)에서 상세히 언급하고 있다. 이를 충분히 활용하여 몇 가지 소개해 본다.

　『소요당일고』의 부록문자에서 가장 강조하는 부분은 바로 박하담의 행적 중 세 번이나 나라의 천거를 받았다는 점이다. 이른바 삼징三徵이다. 소요당은 46세 때 경상감사의 천거로 사산감역四山監役에 제수되었으나 나아가지 않았고, 그 이듬해 사첨시 참봉司瞻寺參奉에 임명되었으나 또한 나아가지 않았다. 마지막으로 50세 때 장례원 사평掌隸院司評에 제수되었는데, 상주尙州까지 갔다가 결국 돌아오고 말았다. 이것이 바로 '세 번이나 천거되었는데 나아가지 않았다'는 삼징불기三徵不起이다. 소요당의 후손들은 문집 간행 시 이 부분을 대단히 중요시하였

청도의 박씨 집성촌

고, 문집 간행을 위한 부록문자 청탁 시 반드시 명기해 줄 것을 청하였다.

그런데 이토록 후손들이 강조하고자 했던 '삼징불기'의 내용은 『중종실록』이나 『명종실록』에는 보이지 않고, 내암來庵 정인홍鄭仁弘이 쓴 「소요당박공행적逍遙堂朴公行蹟」에 처음으로 보인다. 특이한 것은 내암의 이 작품에서는 소요당과 남명의 교유 사실이 언급되어 있지 않다는 점이다. 소요당이 남명과 절친했다면 남명의 수제자였던 내암이 소요당의 행적을 쓰면서 빠뜨릴 리가 있었겠는가.

또한 『남명집』에는 남명의 나이 68세 때인 1568년 9월 18일, 당시 청도수령으로 있던 이유경李有慶에게 쓴 편지가 전한다. 이 해는 소요당이 세상을 떠난 지 8년이나 지난 후였다. 당시 청도지역에서 소요당과 삼족당이 창설했던 동창東倉 자리에 사당을 세워 그 사모하는 마음을 표하려 한다는 소문을 듣고 올린 편지였다. 남명은 이 편지에서 삼족당과 그의 숙부인 김일손만을 배향하고, 다른 인물을 배향하는 것에 대해 반대하였다. 더구나 그 편지에서는 "사류士類에 이름도 알려지지 않은 사람을 배향한다면 크게 불가합니다."라고 강력한 언사를 내비치고 있는데, 이때 남명이 불가하다고 한 인물이 소요당이라 주장하는 글도 있다. 앞서도 언급했듯 동창은 소요당과 삼족당이 함께 설립한 것이며, 두 사람의 친분 또한 남달랐다. 그런데 남명은 왜 소요당을 거부한 것일까? 남명과 소요당은 진정 벗이었던가. 두 사람은 그다지 절친하지 않았는데 후손들이 남명과 연관시키기 위해 위작한 것은 아닐까.

『소요당일고』에 남명의 글이라 전하는 몇몇 작품에서도 이런 의혹을 떨칠 수가 없다. 예컨대 「제조건중덕산은거題曺楗仲德山隱居」란 시는 남명이 만년에 은거하던 덕산을 두고 읊은 것이다. 그러나 주지하듯 남명이 덕산에 들어온 것은 1561년이고, 이 해는 소요당이 세상을 떠난 그 이듬해이다. 그리고 한 술 더 떠서 「송조건중귀덕산서送曺楗仲歸德山序」는 덕산으로 돌아가는 남명을 배웅하며 쓴 글이다.

제3장 남명의 벗들

소요대 전경
사진 중앙에 보이는 바위가 소요대이다.

남명이 덕산에 은거한 뒤 운문산으로 김대유와 박하담을 찾아와 함께 지내다가 돌아갈 때 써 주었다는 내용인데, 이 또한 이치상 맞지 않는 설정이다. 후손들도 이러한 점을 간파했는지 제목 밑에 무오년戊午年(1558)에 남명이 두류산을 유람하고서 장차 덕산으로 이주하려 하기에 서序를 써주었다고 기록해 놓았다. 1558년이라면 소요당은 살아있더라도 삼족당이 세상을 떠난 지 이미 6년이나 지난 후이다. 손바닥으로 하늘을 가려본 들 어쩌랴.

이 외에도 몇 가지 의혹이 남아있긴 하나, 위의 것만으로도 남명과 소요당의 친분에 대해서는 확인할 수 있을 듯하다. 두 사람의 친분이 전혀 없었는 가에 대해선 알 길이 없다. 당시 남명의 영향력이 원체 대단했기 때문에 어떻게 해서든 남명과 연결시키려 한 후손들의 노력을 모르지 않는다. 그러나 간혹 완벽하지 못한 덧칠로 되레 그 본래의 진가도 발휘되지 못하는 경우가 있는데, 소요당의 경우도 마찬가지가 아닐까 생각된다.

박하담의 자는 응천應千, 본관은 밀양이며, 소요당은 그의 호이다. 그의 선대는 본래 신라왕 박혁거세를 시조로 한다. 고려 공민왕 때 예부시랑을 지낸 박익朴翊이 그의 고조인데, 조선이 개국하자 밀양 송계松溪에 은거하고 호를 송은松隱이라 하였다. 이후 조부인 박건朴乾이 김철성金哲誠의 딸과 혼인하여 처가인 청도로 들어와 살면서 그곳에 세거하게 되었다. 부친 박승원朴承元은 부사직副司直을 지냈으며, 진양 하씨晉陽河氏인 하숙보河淑溥의 딸과 혼인하여 박하담 등 세 아들을 낳았다. 박하담은 1516년 생원시에 합격하였으나 그 뒤 여러 번 대과大科에 실패하자, 청도의 운문산에 소요당을 지어 그곳에서 일생을 보냈다.

6. 세 줄의 편지 삼년 만에 본 얼굴인 듯
― 중려仲慮 성우成遇

성우(1495~1546)는 자가 중려仲慮, 본관은 창녕이며, 호는 전하지 않는다. 남명의 절친한 벗인 대곡大谷 성운成運의 중형이다. 남명이 18세 때 부친을 따라 한양 장의동壯義洞에 살 때 이웃하여 살면서 절친하게 지냈다. 제릉참봉齊陵參奉을 지냈으며, 1545년 을사사화 때 연좌되어 죽었다.

결론부터 말하자면 성우에 대한 기록은 많지 않다. 을사년의 당적黨籍에 연좌되어 죽었기 때문인 듯하다. 동생인 성운의 『대곡집』에도 젊어서 형과 함께 용문사에서 독서한 뒤 내려오다 지은 시가 1수 전하는 정도이다. 대곡이 형의 행장이나 묘갈을 지어 후세에 남기지 않은 것도 자못 이상하다.

그러나 성우의 삶은 대곡에게 지대한 영향을 끼쳤다. 대곡은 일생 출사하지 않고 처가가 있는 보은 속리산에 은거하여 살았는데, 그의 은거에는 형의 죽음이 결정적이었음을 보여주는 기록이 여럿 전한다. 그리고 억울하게 죽은 중형의 딸을 불쌍히 여겨, 자신의 처남인 김천부金天富의 아들 김가기金可幾와 혼인시켰으며, 대곡에게 후사가 없자 이들 조카

부부에게 훗일을 부탁하기도 하였다. 대곡의 처가는 보은 지방에서 꽤 재력을 지닌 부호였다.

『남명집』 역시 성우와의 관련 기록이 많지 않다. 그에게 준 3편의 시와, 성우가 보내 준 『동국사략東國史略』이란 책 뒤에 쓴 발문 정도가 전한다. 남명의 연보에 의하면 남명의 나이 28세 때인 1528년, 부친상을 당했던 남명이 삼년상을 마치던 그해 가을에 성우와 함께 지리산을 유람하였다는 짧은 기록도 전한다. 세 편의 시에는 모두 벗을 그리워하는 마음이 행간에 고스란히 묻어나 있다. 그중 한 편을 인용해 본다.

김가기의 묘소
뒤쪽에 보이는 것이 성운의 묘소이다.

세 줄의 편지 삼 년 만에 본 얼굴인 듯	三行信字三年面
찬찬히 훑어보니 애간장을 끊는구나.	細細看來細斷神
살고 죽는 건 아예 말할 것이 없지만	生活死休俱可已
두 식구 다 굶주리니 우린 뭐하는 사람인지.	兩家寒餒兩何人

「성중려에게 줌」[贈成仲慮]이란 작품으로, 오랜만에 벗의 편지를 받고서 보낸 답시이다. 남명이나

제3장 남명의 벗들

성우는 출사보다는 퇴처를 선택해 살았던 인물이다. 때문에 그들의 삶은 곤궁의 연속일 수밖에 없었다. 오랜 만에 받아든 벗의 편지는 벗을 대하듯 반갑기는 하나, 정작 그 속의 내용을 들여다보니 마음 아프기 그지없다. 때를 얻지 못해 그 경륜을 펴보지도 못하였고, 게다가 가족들마저 굶주림에 허덕이고 추위에 떨게 하는 벗이 안타까울 뿐이다. 부정한 세상과 벗의 처참한 현실에 못내 심기가 불편하다. 마치 자신의 모습을 보는 듯하여 더욱 편치 않다. 그러나 이러한 동질감은 두 사람을 더욱 절친한 사귐으로 이끌었으리라.

「성중려가 준 동국사략 뒤에 씀」[題成仲慮所贈東國史略後]이란 이 발문은, 남명의 나이 32세 때 과거공부를 포기하면서 한양 생활을 청산하고 가족과 함께 김해 산해정山海亭으로 내려 올 때 성우가 선물한 책에 쓴 것이다. 여기서 남명은 성우를 일컬어 "청빈하기가 물과 같아서 일찍이 나와 단금지교斷金之交를 맺었다."고 하여, 두 사람의 성품이나 삶이 어

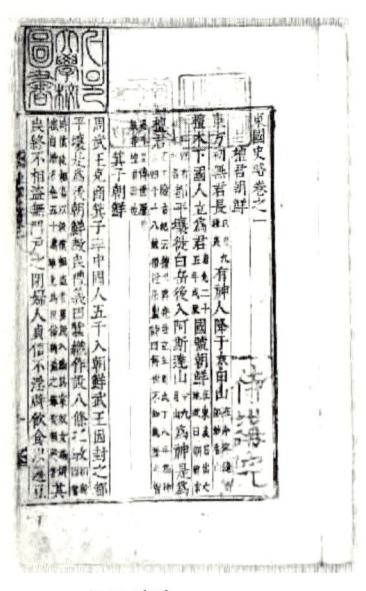

동국사략

떠했는가를 보여주고 있다. 그들은 난세에 나아가지 않아 부귀를 누리지 않았고, 그로 인해 물처럼 청빈하게 살았으며, 또 이로 인해 가족마저 굶주리더라도 서로의 뜻이 합하여 절친한 사귐을 맺게 되었다는 것이다. 많지 않은 자료임에도 불구하고, 두 사람의 깔끔한 성품과 신의, 그리고 깊은 사귐을 살피기에는 충분하다고 하겠다.

7. 방합조개 속에 감춰진 명월주 같은 벗
－대곡大谷 성운成運

성운(1497~1579)은 무오사화戊午士禍가 일어나기 직전인 연산군 3년(1497) 1월 16일 한양에서 태어났다. 자는 건숙健叔, 본관은 창녕이며, 대곡은 그의 호이다. 남명은 1504년 부친이 과거시험에 급제하면서 한양으로 이주하였고, 이후 18세 이전까지 한양의 동부지역인 연화방蓮花坊에 살다가 다시 장의동壯義洞으로 옮겨 살았는데, 이때 성운을 만났다. 두 사람은 이 시기에 한양 근교 북악산 아래에서 세상을 멀리하고 자연과 벗하며 학문에 열중하고 있던 청송聽松 성수침成守琛의 처세에 많은 영향을 받았다.

대곡은 35세가 되어서야 생원이 되었고, 46세에

보은 종곡마을 전경

는 대신의 추천으로 사직서 참봉에 제수된 것이 최초의 벼슬이었으나 나아가지 않았다. 1566년에는 경명행수經明行修로 천거되어 품계를 뛰어넘어 통례원 인의·조지서 사지에 제수 되었지만 나아가지 않았다. 77세 때는 선조가 특별히 세 번이나 불렀지만 사양하였고, 82세에도 사재감 정司宰監正을 제수하고 곡식을 하사했다. 특히 1566년 유일遺逸로 천거된 것은 그의 삶을 대변하는 일이라 하겠다. 결국 그는 여러 번 관직이 제수 되었지만 끝내 벼슬길에 나아가지 않고 일생을 마쳤다. 79세에 병이 들자 선조가 의원을 보내고 약을 지어 주었다. 그 후 1579

5월 병이 악화되자 임금이 의원에게 명하여 치료하게 했지만 의원이 도착하기도 전에 세상을 떠났다.

남명은 당대의 수많은 석학들과 교유하였다. 그 중 남명과 가장 절친했고, 평생 한결같은 마음으로 교유한 벗이 누구인가를 묻는다면 주저 없이 대곡이라 답할 수 있다. 두 사람은 어린 시절 한양에서의 생활 이후 평생 도의道義로 사귀었다. 한 사람은 충청도 보은의 속리산에서, 또 한 사람은 경상도 진주의 지리산 자락에 살면서, 비록 사는 곳은 멀었지만 마음만은 늘 함께 하였다. 이처럼 두 사람이 일생을 통해 흔들림 없이 교유할 수 있었던 이유는 무엇일까? 필자는 이를 그들의 처세관에서 찾으려 한다.

조선시대 선비에게 있어 출처出處는 중요한 문제였다. 남명은 평생 출처를 가장 중요시하여 문인에게도 늘 '군자의 절의는 출처에 있음'을 강조하였고, 고금의 인물을 평할 때도 반드시 그 사람의 출처를 먼저 살펴보았다. 이렇듯 출처는 그들의

성운의 묘갈

제3장 남명의 벗들

성향 등을 결정짓는 중요한 선택이었다.

　남명과 대곡은 당대 처사로서 백성의 신망을 받는 대학자였다. 두 사람은 명종연간에 여러 차례 천거를 받았으나 한 번도 출사하지 않았다. 본고에서 다루는 남명의 벗 가운데 성수침·성운·이희안·성제원·이항·임훈 등도 천거를 받았으나, 성수침과 성운을 제외한 나머지 인물들은 천거 이후 이런저런 이유로 잠시나마 출사를 하였다. 그러나 성운은 끝까지 출사하지 않았을 뿐 아니라 이로움이나 영달을 추구하지 않는 생활을 지향하였다. 세상에 나아가려 하지 않아 드러내 보이는 것이 없었으므로 세상 사람들이 알아주지 못했을 뿐만 아니라, 세상에 알려지는 것조차 단호히 거부하였다.

　　선생이 40년 동안 산림 속에 살면서 세상에 나가지 않고 자기의 뜻을 세운 데에는 반드시 그만한 학문이 있었을 것이며, 겸손하게 물러나 지조를 확고하게 지킨 것은 반드시 그만한 소견이 있었을 것이며, 옛 책을 탐독하여 배고픔도 잊고 늙어 가는 것도 몰랐던 것은 반드시 그만한 즐거움이 있었을 것이다. 그런데 사람들은 다만 그가 경치 좋은 골짜기를 취해 집을 짓고 거문고와 책으로 스스로 즐겼던 것으로만 알지, 그의 내면에 간직된 생각에 대해서는 엿보아 헤아린 이가 적었다. 그리고 선생은 평생 사람들이 자기를 칭찬하는 것을 원하지 않았다. 〈「堂叔大谷先生墓碣記」〉

이 글은 성수침의 아들인 우계牛溪 성혼成渾이 당숙堂叔인 성운을 두고 지은 것으로, 세상에서의 평가에는 아랑곳 않고 자신의 의지대로 산림에서 자적하며 사는 그의 삶을 표현하였다. 그는 문도를 모아 강학하는 것도 좋아하지 않았고, 세상사에 대해 언급하는 것조차 싫어하였다. 유일천거 이후 피천인들은 시정時政에 대해 이러쿵저러쿵 언급을 하였지만 대곡만은 한마디도 내뱉지 않았는데, 이 점은 남명에게서 칭송을 받았다.

① 건숙이 자신을 드러내지 않고 학문에 잠심하여 일찍이 남에게 보증 받지 않았음을 칭송하면서, 저 자신은 세상에 드러나고자 하여 군자를 크게 속였으니, 이 사람을 볼 면목이 없습니다.
② 평소 나의 몸가짐이 보잘 것 없어서 오늘날의 이런 비방을 불러 온 것이니, 공이 옥처럼 자신을 지켜 남들이 감히 이러쿵저러쿵 흠잡을 수 없게 하신 점에 더욱 머리가 숙여집니다. 더욱이 공이 일찍이 질병을 얻어 세상사에 귀를 기울이지 않고 문을 굳게 닫아 버린 것이 부럽습니다.
③ 나의 처지에서 공을 보면, 공은 평생 어찌 일찍이 한 사람이라도 공을 비방하는 사람이 있었습니까? 공께서 한 번도 견책을 받은 적이 없었던 것은 또한 어떻게 처신하셨기 때문입니까?

①은 남명이 성수침에게 보낸 편지에서 대곡을 칭송한 글이며, ②와 ③은 남명이 대곡에게 보낸 편

성운의 묘소

지글이다. 물러나 있지만 한시도 현실에서 벗어날 수 없었던 남명은 끊임없는 비판과 시책 진달 등 보다 나은 현실을 위해 노력했지만, 결국 현실은 달라지지 않고 사람들의 입방아에 올려질 뿐이었다. 이는 남명이 물러났다 하면서도 그만큼 세상사의 갈등에 얽혀 있으며, 그만큼 자신의 처세가 순결하지 못했음을 자조한 것이다. 때문에 남명은 은거하여 경敬을 통한 수양으로 자신을 온전히 지켜 낸 대곡의 처세를 자신보다 한 수 위임을 인정하고 존중하였다.

　　남명과 대곡의 절친한 교유는 그들의 문집에 전하는 편지나 시로도 짐작할 수 있다.『남명집』에는 대곡에게 보낸 7통의 편지와 10여 수의 시가 전하는데, 그리 많지 않은 작품을 남긴 남명이 한 개인에게 보낸 것으로는 그 수가 적지 않은 경우이다. 편지의 내용은 대체로 늘그막에 멀리 있는 벗을 그리는 마음을 표현하였는데, 다른 벗들이 먼저 세상을 뜬 후인지라 남은 두 사람의 그리움이 더욱 절절히 드러나 있다. 반면 『대곡집』에는 남명에게 보낸 10여 수의 시와 묘갈명이 전한다.

마음으로는 이별하지 않았으니	此心無別離
꼭 얼굴 보길 생각할 것 없다네.	顔面不須思
말하려 하나 도리어 할 말이 없나니	欲語還無語
뒷날 기약한 때가 있기 때문이라네.	後期能有時

남명을 그리워하는 대곡의 마음을 나타낸 「기건숙寄健叔」이란 시다. 헤어져 있어도 마음으로 늘 만나는 벗이니, 꼭 얼굴을 대면하고 만나지 않아도 된다. 편지를 쓰려 해도 서로의 마음을 너무나 잘 알기에 딱히 할 말도 없다. 이렇듯 두 사람은 물리적 거리에도 불구하고 늘 그리워하는 심우心友였다.

두 사람이 나눈 일생의 우정은 남명 사후 그의 묘갈명을 대곡이 지었다는 점에서도 입증된다. 한 시대를 풍미했던 대유大儒나 석학이 세상을 떠나면 대체로 그 생전의 일을 기록으로 남기려 하고, 이 경우 망자亡者와의 인연이 없는 당대 대학자에게

제3장 남명의 벗들

남명의 묘소와 묘갈

청탁하는 경우가 많았다. 때문에 실정보다 과장되거나 지나친 칭송 일색으로 지어지기 마련이다. 그런데 대곡의 「남명선생묘갈南溟先生墓碣」은 대곡 자신이 말미에서도 밝혔듯 남명과의 일생 교유를 통해 지은 것이므로 그 내용이 아주 진솔하게 표현되어 있다.

나는 외람되게도 교우의 반열에 끼어 노닌 지 가장 오래여서, 어려서부터 늙을 때까지의 덕행을 보아왔고, 또한 사람들이 미처 알지 못하는 바를 알고 있다. 이는 모두 눈으로 직접 본 것이요, 남에게 들은 이야기를 전하는 것이 아니다.

남명 사후 문인들은 스승의 생애를 가장 잘 표현해 낼 수 있는 인물로 대곡을 지목하였고, 실제로 대곡의 이 묘갈명은 남명을 가장 잘 묘사했다는 칭송을 받았다. 남명의 문인 한강寒岡 정구鄭逑는, 남명을 형용한 글 가운데 대곡이 찬한 묘갈문이 대현大賢의 기상을 가장 잘 표현하였다고 칭송했으며,

나아가 각자 곁에 걸어두고 늘 보면서 마음에 새기라 하였다.

이 사람 오봉루의 솜씨를 가지고도	之子五鳳樓手
태평성대에 밥 한 그릇 얻어먹지 못하네.	堯時不直一飯
오래 된 방합조개에 명월주 감춰져 있건만	明月或藏老蚌
왕은 어찌하여 가짜만을 찾아 쓰는지?	山龍烏可騫楦

「기건숙寄健叔」이란 시로, 남명이 지기였던 대곡을 두고 읊은 것이다. 벗이 자질과 능력을 온축하고 있음에도 세상에 제대로 쓰이지 못하고 물러나 있음을 안타까워한 것이다. 나아가 이 시는 인재가 뜻을 펼칠 수 없는 현실에 대한 개탄이면서도, 자신이 능력을 발휘하지 못하는 것에 대한 안타까움을 동시에 표현한 것으로도 볼 수 있다. 특히 '왕은 어찌하여 가짜만을 찾아 쓰는지?'라는 표현에서는 안타까움이 탄식으로 변한 듯하다. 인재만이 인재를 알아본다고 했던가. 비록 멀리 떨어져 있지만, 그들이 공유했던 이런 동질감이 마냥 부러울 뿐이다.

남명과 대곡은 서로의 은거지를 방문하여 함께 지내는가 하면, 각자의 문인을 보내 배우고 섬기도록 하였다. 남명은 보은 속리산으로 대곡을 찾았다가 그 곳에서 많은 벗을 만났다. 그 중 당시 보은현감으로 있던 동주東洲 성제원成悌元 외에도 보은에

제3장 남명의 벗들

보은 속리산

은거하던 계당溪堂 최흥림崔興霖과 박태암朴泰巖은 남명의 절친한 벗이 되었다.

그 외 남명과 절친했던 인물로는 대곡의 처남이자 충암冲庵 김정金淨의 당질인 태온太蘊 김천부金天富(1498~1584)와 태용太容 김천우金天宇(1504~1548)가 있다. 남명은 대곡에게 보낸 시에 김태용을 두고서 "물과 물고기처럼 형제 같은 친구는, 삼산에 사는 김태용이라."[水友兄弟者 三山金太容]고 하였으니, 이에서도 두 사람이 얼마나 절친했던가를 짐작할 수 있다. 남명에게 있어 보은은 소중한 벗을 여럿 만나게 해 준 행운의 땅이었다.

8. 내 입장에서 공의 처지를 보면 오히려 내가 더 낫습니다
─ 숭덕재崇德齋 이윤경李潤慶

이윤경(1498~1562)은 형제간의 우애가 남달랐던 인물이다. 현전하는 『숭덕재유고』에는 150수에 가까운 시와 50통의 편지가 전하는데, 아우인 동고東皐 이준경李浚慶과 관련한 것이 대부분이다. 두 형제 모두 유년기의 불행한 생활과는 달리 관료생활은 비교적 탄탄한 편이었는데, 시는 아우와 이별하거나 아우가 먼 길을 떠날 때 지은 것들이다. 편지의 경우 50통 중 45통이 아우에게 보낸 것이니, 형제간의 우애가 얼마나 긴밀했는지를 짐작할 수 있겠다.

숭덕재와 남명과의 교유를 알 수 있는 직접적 기록은 『남명집』에 전하는 편지 1통뿐이다. 이는 이윤경이 57세인 1553년 전주부윤全州府尹으로 있을 때 보낸 것으로, 당시

남명의 편지

이윤경의 여러 사정을 위로하고 격려하는 편지이다.

> 외딴 곳에서 쓸쓸히 살다 보니, 공의 생사와 길흉에 대해 전혀 소식을 듣지 못하였습니다. 다행히 신자함申子諴(신계성)을 통해 공의 안부를 물으니, 올해 백제의 고도古都를 맡았다고 하더군요. 그제야 여러 사람들의 입에 오르내려 공의 입장이 난처해진 줄을 알게 되었습니다. 늘그막의 심경을 더욱 상상할 만합니다.
> 저도 이 세상에 머문 지 오래 되어 병이 매우 심합니다. 몇 년 전에 외아들을 잃어 상심이 이만저만이 아니었는데, 늦게 둘째를 얻었습니다. 지금은 삼가현에 있는 선친의 옛집으로 이사 와 살고 있습니다만, 살림이 빈한하여 매일 끼니도 제대로 잇지 못하고 있습니다. 그러나 허물이 적고 걱정거리가 별로 없으니, 내 입장에서 공의 처지를 보면 오히려 내가 더 낫습니다.

『명종실록』에 의하면 숭덕재는 52세 때인 1549년 가을 승정원 우부승지가 되었다가 좌부승지를 거쳐 우승지에 올랐다. 이때 어떤 사람이 상소를 올렸는데, 명종의 어머니인 문정왕후를 질책하는 말이 많이 들어 있었다. 숭덕재는 동료들과 상의하여 그 글을 곧바로 올리는 것은 적절치 못하다고 하여 우선 승정원에서 가지고 있자고 하였다. 그 당시 숭덕재는 세도가 윤원형尹元衡의 심복인 진복창陳復昌에게 혐의를 받고 있었다. 그런데 승정원에 진복창과 내통한 사람이 있어, 그가 어지러운 말이 담긴 상소를 곧장 올리지 않았다고 일러바쳤다. 그 일로 숭덕재는 결국 53세 되던 해 5월에 문외출송門外黜送을 당하였다. 그 뒤 진복창의 죄가 드러나 조정에서 비로소 숭덕재가 억울하게 연루되었음을 깨달았지만, 오래도록 소명召命을 내리지 않아 3년간 시골에 묻혀 지냈다. 이후 57세 때인 1554년 봄에 전주 부윤이 되었던 것이다. 남명은 이러한 숭덕재의 난처한 상황을 그제야 듣게 되었고, 그 상처받은 마음을 위로하는 편지를 보냈던 것이다.

덧붙여 끼니도 제대로 잇지 못하는 자신의 빈한한 생활을 숨김없이 드러내고 있다. 가난함이야 지조와 절조를 지키는 선비에게는 의례 따르는 것이니 부끄러울 것도 견디지 못할 것도 아니다. 바른 도가 행해지지 않는 세상에 나아가지 않았으니 그만큼 허물도 적고 걱정거리도 없다. 결국 고위관료라 하더라도 이러쿵저러쿵 사람들의 시비에 얽힌 숭덕재의 처신이 빈한하지만 마음만은 편한 자신에 비해 오히려 못하다고 말함으로써, 난처한 입장의 벗을 위로하면서도 한편으로는 빨리 관로에서 벗어날 것을 암시하고 있다. 남명다운 면모이다.

남명과 숭덕재는 어려서부터 절친했던 벗으로 알려져 있다. 그럼에도 그들의 교유가 언제부터 시작되었는가에 대한 기록이 전연 남아있지 않아 구체적 연구가 이루어지지 않았다. 다만 남명이 5세 때 과거에 급제하여 벼슬하러 가는 부친을 따라 한양으로 이주한 후 연화방蓮花坊에 살던 이윤경 형제와 절친하게 지냈을 것이라는 연구가 나온 정도이다. 그러나 이에 대한 반론이 제기되었을 뿐만 아니라, 특히 그의 동생인 이준경과의 교유에서 더욱 논란이 되고 있다. 적어도 이준경의 문집인 『동고유고』에는 많지는 않으나 남명과의 관련 기록이 전하고 있기 때문이다. 숭덕재와 아우 이준경은 혼인을 하는 20세 전후까지 늘 함께 지냈으며, 이후 벼슬살이에 나가 떨어져 지내는 경우가 아니면 항상 불러서 함께 지내곤 하였다. 따라서 숭덕재와 남명과의 교유 또한 아우인 이준경과의 관련 기록을 통해 유년기의 생활을 유추해 볼 수 있는데, 이준경과 어려서부터 절친했다는 것으로 그의 형인 숭덕재와의 교유를 당연시 했던 게 아닌가 생각되기도 한다.

　이윤경의 자는 중길重吉, 본관은 광주며, 숭덕재는 그의 호이다. 시호는 정헌正獻이다. 그의 선대는 고려 말 이집李集에게서 시작되었는데, 조선조에 들어와 대대로 재상을 배출하는 명문가로 발전하였다. 이준경의 형이며, 이연경李延慶이 그의 종형從兄이다.

　숭덕재는 1498년 한양 연화방 집에서 태어났다. 일곱 살 때인 1504년 갑자사화가 일어났는데, 조부가 성종 때 형방승지로서 폐비 윤씨에게 사약을 가져간 것이 화근이 되어 집안이 화를 당하였다. 조부와 부친은 처형을 당하고, 남은 가족도 충청도 괴산槐山에 유배되었다가 중종반정으로 풀려났다. 이후 모친을 따라 외조부의 부임지인 상주尙州에서 자랐다.

모친은 늘 경계하여 말하기를 "옛 법에 이르기를 과부의 자식은 본 데가 없으니 사귀지 말라 하였다. 너희들이 아버지를 여의고 나를 좇아 살면서 한 가지 행동이라도 어그러짐이 있으면 반드시 세상에서 버림을 받을 것이니, 마땅히 부지런히 공부하여 집안의 명성을 실추시키지 말아야 할 것이다."라고 하였다. 이후 학업은 날로 성취되었으나 과거시험에 힘쓰지 않다가, 37세인 1534년에서야 문과에 급제하였다. 이후 여러 차례 능력을 인정받아 승차하였고, 의주목사·경기도 관찰사·도승지·병조판서 등을 지냈다.

9. 친한 벗도 벼슬이 높아지면 편지하고 싶지 않은 법이라네
—동고東皐 이준경李浚慶

이준경(1499~1572)에 관한 그간의 연구는 대체로 그의 정치생활과 관련한 것이었다. 중종·명종·선조 3대에 걸친 뛰어난 재상일 뿐만 아니라 정치가·외교가·군략가로서 대단한 활약을 하였으니, 그럴 만도 하다. 그의 일생은 관료로서의 삶이 전부였으며, 또한 치세가로서 당대 석학들에게 인정을 받았다. 『연려실기술』 선조조宣祖朝의 유현儒賢 중 이황李滉 조에는 다음과 같은 기록이 전한다.

> 오늘날 대신이 모두 청렴하고 중하며, 육경六卿 중에 간사한 사람이 없습니다. 영의정 이준경에 이르러서는 국가가 위태롭고 염려스러운 때를 당하여 성색聲色을 움직이지 않고도 국세國勢를 태산과 같이 안정시켜 놓았으니, 진실로 나라의 주석柱石입니다. 신이 마땅히 의지하고 신임할 만한 사람으로는 이 사람보다 나은 사람이 없습니다.

우찬성으로 있던 퇴계 이황이 고향으로 물러날 것을 청하였다. 임금이 조정의 신하 중 천거할 만한 자가 있는지를 물었고, 퇴계는 위 글에서처럼 이준경을 거론하였다. 퇴계의 이 말은 나라와 백성을 위하는 관료로서 들을 수 있는 최대의 칭송이었다.

치세가로서 뿐만 아니라 문학가로서의 동고는 어떠했을까? 대체로 정치가로서만 널리 알려져 있는 반면 문학가로서의 동고는 연구가 많지 않다. 이는 그의 문집에 문학 작품이 많지 않은 것에서도 쉬이 알 수 있다. 그러나 동고는 후대에 문학가로서도 인정을 받은 듯하다. 정조正祖가 "동고 이준경은 사업이 문장보다 낫다고들 하나, 문장 또한 사업에 뒤지지 않는다. 그 문장은 혼후渾厚하고 소통하여 문구를 다듬어 쓰는 자들이 미치지 못할 것이다." 라고 한 이 한마디 말로도 그 가치를 충분히 확인할 수 있다.

이준경의 자는 원길原吉이며, 호는 동고 외에도 남당南堂·홍련거사紅蓮居士·연방노인蓮坊老人이 있다. 시호는 충정忠正이며, 본관은 광주이다. 숭덕재崇德齋 이윤경李潤慶의 동생이다.

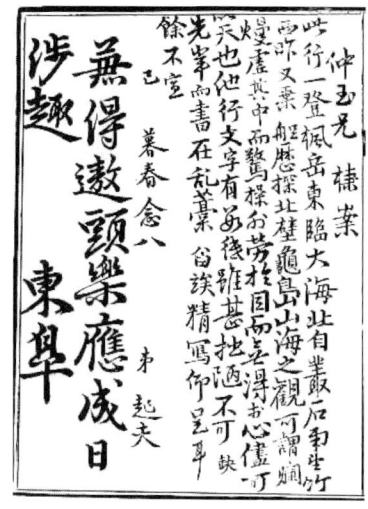

이준경의 글씨

1504년 갑자사화 때 죽임을 당한 조부와 부친의 일로 6세의 어린 나이에 형과 함께 충청도 괴산에 유배되었다가 중종반정으로 풀려났다. 이후 외조부의 부임지인 상주尙州에 살면서 외조부에게 수학하였고, 이후 그곳에 사는 황효헌黃孝獻에게서도 배웠다. 그의 종형인 이연경李延慶에게도 배웠는데, 특히 많은 영향을 받았다고 한다. 1531년 문과에 급제하여 관직 생활을 시작하였고, 사헌부 장령·홍문관 부제학·승정원 승지·평안도 관찰사를 거쳐 영의정에 올랐다.

제3장 남명의 벗들

이제 『남명집』과 『동고유고』를 중심으로 두 사람의 관련 기록을 살펴보자. 두 사람 관련 기록은 많지 않다. 대체로 동고는 정사에 종사하였고 남명은 일생 퇴처하여 살아, 동질 요소가 많지 않았기 때문일 것이다. 그렇다면 그들의 첫 만남은 언제였을까? 일반적으로 두 사람이 어려서부터 절친한 벗이었다고 알려져 있지만, 실제 이를 확인할 정확한 기록은 없다. 다만 지금까지 연구된 바를 정리해 보면 두어 가지로 압축할 수 있다.

① 한양에서의 만남 : 남명이 어려서 부친을 따라 서울에서 살 때 이윤경·이준경 형제와 이웃하여 절친하게 지냈다.
② 상주에서의 만남 : 동고와 남명이 함께 상주에 사는 황효언에게 수학하고, 이후 이연경에게도 배웠다.

그러나 이 두 가지 사실에 대해서는 어디까지나 추측일 뿐 확언할 만한 자료가 없다. ①의 경우, 『조선왕조실록』에 의하면 남명의 부친 조언형曺彦亨은 1505년 관로에 나가 1517년 4월 사헌부 지평으로 있었고, 1520년에는 단천군수端川郡守로 재직하였다. 남명이 부친을 따라 서울로 이주한 시기에 동고는 갑자사화의 여파로 괴산에 있었고, 이후에는 외조부의 임지인 상주에서 생활하였다. 가끔의 왕래가 있었다 하더라도 이를 두고 두 사람의 교유를 확언하는 것은 무리가 있을 듯하다.

②의 경우,『동고유고』「연보」에 의하면 동고의 나이 9세인 1507년 '외조부의 임지를 따라 경상도 상주로 가서 그곳에 세거해 온 황효헌에게서 『소학』을 배웠다'고 하였으며, '16

삼가 토동마을

세에 결혼하고서 종형인 이연경에게 배웠다'고도 하였다. 이와 관련한 기록은 또 있다. 문제는 이 기록에 의거하여 이 시기에 고향인 삼가 토동兎洞에 있던 남명도 상주의 황효언에게 수학하면서 동고와 친분을 쌓았고, 이후 이연경에게도 배웠다는 주장이다. 남명은 부친이 세상을 뜨는 26세(1526) 때까지 서울에서 생활했는데, 합천 삼가에서 황효언을 찾아 상주까지 왕래했다는 것도 무리이다. 무엇보다도 이 시기에 황효언이 상주에 살았다는 기록이 보이지 않는다.

두 사람의 교분을 나타내는 기록 중 논란거리가 되고 있는 것은 몇 가지가 더 있다.

① 남명과 같이 유산楢山에서 독서하였다 : 『동고유고』의 연보 15세조
② 선생이 벗과 더불어 산사에서 『역경』을 읽을 때 남명도 참여하여 함께 토론했다 : 『동고유고』의 연보 20세조
③ 선생은 어려서부터 공과 친하게 지내며, 서판을 나란히 하고 유산楢山에서 함께 독서하였다 : 『덕천사우연원록』이준경조

『동고유고』는 그가 세상을 떠난 10여 년 후 막내아들인 이덕열李德悅이 처음으로 간행하였으나 임진왜란으로 소실되고 전하지 않는다. 이후 1706년 5대손 이시만李蓍晩이 함흥에서 6권 4책 목판본으로 간행하였고, 1711년에는 그의 6대손 이하원李夏源이 유문을 추가하여 다시 간행하였다. 또한 1913년에는 14권 7책으로 간행되었고, 1964년에는 왕조실록에서 관련 자료를 보충하여 다시 간행하였다.

그런데 ①·②의 기록은 1913년 이후 판본부터 나오는 기록이고, 그 이전의 기록에는 남명과의 교유가 실려 있지 않다. 1960년에 편찬된 ③의 기록이 ①·②에 의거해 작성되었음은 의심의 여지가 없다. 유산楢山이 어디인가에 대해서는 상세치 않다. 합천이나 상주 근처의 어디일 것이라는 설도 있고, 산청군 지리산의 어느 자락일 것이라는 설도 있다. 물론 두 사람의 행적과 그 시기를 추적해 이러한 기

록 자체가 신빙성이 없다고 주장하는 설도 있다.

그러나 이러한 논리적 분석에도 불구하고 그들이 어려서부터 절친한 벗이었음은 부인할 수 없다. 이는 남명이 1568년 청도수령으로 있는 동고의 사촌인 이유경李有慶에게 보낸 편지에서 '원길과는 어릴 적부터 친한 친구입니다.'라고 말한 것에서도 분명해진다. 그렇다면 그들은 어디에서 만나 교분을 쌓았을까? 이는 미제謎題로 남겨두려 한다. 확실하지 않은 자료로 추측만을 난무시킨다면 이는 후학으로서 큰 우를 범하게 될 것이다.

두 사람의 교유를 알 수 있는 직접적 자료로는 전하는 것이 별로 없다. 『남명집』에는 동고가 2년에 걸쳐 매년 책력을 보내 온 것에 감사의 뜻을 표한 시와 편지가 각 1편씩 전한다. 그리고 젊은 시절 서울에서의 생활을 접고 고향으로 내려와 위기지학에 전념하고 있을 때 이준경이 이를 축하하기 위해 『심경』을 보내주었는데, 이에 대한 감사의 글이 보이는 정도이다.

그러나 무엇보다도 여기서 짚고 넘어가야 할 것은 두 사람이 처

심경

하고 있는 상황의 차이이다. 동고는 일찌감치 환로에 나가 고속 승차를 하여 남명의 나이 58세 때인 1558년 우의정이 되고, 1565년에는 영의정이 되었다. 이에 비해 남명은 52세 때 유일遺逸로 천거되어 전생서 주부에 제수 되고, 이듬해 사도시 주부·예빈시 주부에 제수 되었으며, 55세 때 단성현감丹城縣監에 제수 되었으나 모두 나아가지 않았다. 66세 때 종5품직인 상서원 판관에 제수 되어 상경해서는 입대만 하고 바로 돌아왔다.

이처럼 서로를 등지고 반대쪽으로 날아가는 화살처럼 그 행적에 많은 차이가 있음에도 두 사람은 절친한 지기였다. 당연히 두 사람의 교유에 이러쿵 저러쿵 시시비비가 일었을 법하다. 당대 퇴계도 지적했듯 남명의 출사거취는 자주 사람들의 입방아에 올랐는데, 동고와도 얽인 일이 있었다.

죽을 날이 머지않은 늙은이가 세상을 그르치는 것이 더욱 심합니다. 일찍이 관작을 내리는 명이 있었으니, 공도 몸소 경험하신 바입니다. 늙고 병든 것이 매우 심한데 다방면으로 남들을 속이고 있으니, 스스로 얼굴을 붉히면서 감히 나아가지 못하는 것입니다. 그런데 무슨 마음으로 단지 현임 재상의 잘잘못을 논하며 나의 거취去就를 정하겠습니까? 어떤 사람이 나에게 전하기를, 내가 원길原吉의 부당함을 꾸짖은 적이 있어 나아가려 하지 않는다고 합니다. 공이 나아가기를 어렵게 여기는 것도 내가 나아가기를 어렵게 여기는 것과 같을 것이니, 과연 정승 때문에 나아가고 물러나고 하는 것입니까? 관직에 제수 된 지 몇 달도 안 되어 내가 정승의 잘잘못을 따진다면, 사람들은 나를 충사忠師라고 말할 리 없습니다.

이 글은 남명이 대곡에게 보낸 서찰로, 출처거취에 대한 남명의 의식을 엿볼 수 있는 자료로 많이 인용되곤 한다. 남명이나 대곡이 출사하지 않은 것은 그들의 뚜렷한 출처관에 의한 것이지, 당시 정승의 반열에 있던 동고와의 불편한 관계로 인한 것이 아님을 분명히 하였다. 위의 말대로라면 남명이 현 정승인 동고의 잘잘못을 따지고 분변하였는데, 궁극적으로는 동고의 치세가 마음에 들지 않아 현 정권에 출사하지 않았다는 세간의 시비가 있었던 모양이다.

물론 환로에서 거침없이 승차하고 있던 동고에게 남명이 "공께서 소나무처럼 위로 우뚝하게 치솟아, 사람들이 넝쿨처럼 아래서 타고 올라오지 못하게 하기를 당부 드립니다."라고 하여, 정승으로서의 체모를 높게 지켜 아랫사람들이 사적으로 빌붙는 일이 없도록 하라는 당부의 말을 한 적이 있다. 또한 송계松溪 신계성申季誠에게 보낸 편지에서 "원길을 보거든 안부나 잘 전해주시기 바랍니다. 그리고

친한 벗도 벼슬이 높아지면 편지하고 싶지 않은 법이라고 전해 주십시오."라고 하여, 벗이 위태로운 환로에서 화를 당하지나 않을까 걱정하여 하루 빨리 물러나기를 바라는 뜻을 뭉근히 드러내기도 하였다. 불의를 두고 물러나지 않는 직설적이고 강한 남명의 기질은 이미 잘 알려져 있다. 그러나『남명집』어디에도 동고에 대해 불편한 마음을 표출한 곳은 없다. 이 또한 호사가들의 입방아에 지나지 않았던 것이다.

그럼에도 이러한 설정은 두 사람의 당대에서 끝나지 않고 후대까지 계속되었다. 성호 이익의『성호사설星湖塞說』에는 두 사람과 관련한 한 편의 일화가 전한다. 그 내용을 대강 간추리면 다음과 같다.

남명이 66세 때 상서원 판관에 제수 되어 입대하고는 바로 사직한 일이 있었다. 이때 남명이 서울에 왔다가 다시 지리산으로 돌아가려 할 때, 서울에 사는 동고가 찾아오지 않자 남명이 동고를 찾아갔다. 동고가 남명에게 이르기를 "상서원 판관도 괜찮은 벼슬인데 왜 마다하는가? 반드시 지평持平이나 장령掌令을 주어야만 만족하겠는가?"라고 하였다. 남명은 이 말을 매우 언짢게 여기고 돌아갔는데, 동고가 다른 사람에게 말하기를 "남명은 도량이 매우 좁은 사람이다."라고 하였다는 것이다. 성호는 이 일화의 진위를 고위관료와 미관 선비의 관점에서 논한 후, "동고의 이러한 행위는 그만한 이유가 있었다. 남명이 먼저 찾아간 것이 벌써 자중自重의 뜻을 잃은 것이다. 대부가 먼저 찾아오지 않았는데 선비가 대부의 집을 찾아갔다는 말은 듣지 못했다."라는 말로 끝맺음으로써 동고의 손을 들어주었다.

이준경의 묘소

결국 두 사람은 당대에 서로를 격려하고 당부하고 위로하고 의지하는 절친한 지기였음에도, 너무나도 상이한 그들의 현실적 여건과 처세가 두 사람의 진정한 우정을 되레 훼손시키는 결과를 낳은 듯하다. 안타깝기 그지없다.

10. 늙도록 변치 않을 사람은 이 사람뿐
—송계松溪 신계성申季誠

남명과 송계 신계성(1499~1562)은 서로를 어떤 벗으로 여겼을까? 남명의 사우록에 의하면 "송계는 나의 외우畏友이다. 몸가짐은 절제되고 행동은 법도에 따라 고인의 풍모가 있다. 집안은 조정처럼 엄격하다."고 하였고, 또 "송계는 겉으로는 가만히 물러나 있는 것 같으나, 안으로는 매우 강하고 과단성이 있다. 늙도록 변치 않을 사람은 이 사람 뿐이다."라는 기록도 보인다.

반면 송계는 "삼족당三足堂 김대유金大有는 활달하여 구애되지 않는 기상이 있고, 남명은 눈 내린 밤의 차가운 달빛 같은 기상이 있으며, 황강黃江 이희안李希顔은 일을 베푸는 데 솜씨가 있다."고 하였는데, 당시 사람들이 세 군자의 모습을 잘 형용한 말이라 하였다. 이런 기록들은 두 사람의 관계를 알 수 있는 중요한 기초 자료가 된다. 상대를 쉬이 허여하지 않기로 유명했던 남명이 벗으로서의 송계를 '외우'로, 그리고 평생 변치 않을 사람으로 인정했다는 것만으로도 두 사람은 평생의 심우心友였음을 짐작할 수 있다.

신계성의 자는 자함子諴, 자호는 석계石溪였는데 사후 학자들이 그를 존숭하여 송계선생이라 불렀다. 본관은 평산平山이다. 젊어서부터 성현의 학문에 뜻을 두고 과거공부를 익히지 않았다. 일찍이 송당松堂 박영朴英에게 수학하였다. 남명 외에도 운문산雲

門山의 김대유, 이희안·성운成運 등과 교유하여 막역하였다. 일찍이 "명교名敎 가운데 즐거운 곳이 있다."라 하였고, 또 "존양存養이 익숙하면 기상이 높고 크며, 성찰省察이 오래되면 이 마음이 저절로 성명誠明해져 사물이 다가와도 널리 응하고 세세히 합당하게 된다."라고 하였다.

중년에 큰아들을 잃고 슬퍼하다가, 재악산載岳山 정상 부근으로 들어가 금강암金剛庵에 기거했다. 그곳에서 날마다 경전을 읽으며 인간세상과 왕래하지

신계성을 배향한 예림서원

제3장 남명의 벗들

않은 것이 거의 수십 년이나 되었다. 후에 제자들의 요청으로 옛집에 돌아와, 소나무와 대나무 숲으로 우거진 석계 가에 초당 몇 칸을 짓고 '석계정사石溪精舍'라 자호하였다. 겨우 무릎을 용납할 정도의 좁은 공간에 살면서 좌우에 책을 쌓아놓고 단정히 앉아 글을 읽었다. 가르침은 반드시 『소학』으로 함양의 근본을 삼고, 독실히 실천하는 것에 힘썼다. 조정에서 여러 차례 불렀으나 병을 칭탁하고 나아가지 않았다.

송계는 일생 출사하지 않고 성현의 학문에 종사하였는데, 그의 학문성향이나 그 공효를 살펴 볼 기록이 없다. 다만 그가 평생 종유했던 벗들이 모두 출사보다는 퇴처의 삶을 주로 하였고, 그들의 성향 또한 성현의 학문에 뜻을 두고 있으므로, 이들에게서 송계의 학문을 방증해 볼 뿐이다.

『남명집』에는 송계에게 보낸 5통의 편지가 전한다. 모두 일상의 안부와 건강에 대한 염려, 그리고 애절한 그리움을 표현한 것이다. 이 편지들을 통해 두 사람이 잦은 만남을 가졌음을 알 수 있다. 송계는 일생 밀양에 살았고, 남명 또한 모친이 세상을 떠나는 45세 때까지 김해 산해정山海亭에서 지냈다. 김해와 밀양은 그다지 멀지 않았기 때문에 자주 왕래했던 것으로 보인다. 남명이 모친의 삼년상을 치르고 고향인 삼가로 돌아온 후 거처가 서로 멀어짐으로 인해 자주 만나지 못함을 안타까워하는 글이 보이기도 한다.

    남명 조선생은 기상과 법도가 준엄하여 사람들을 허여함이 적었으나 마침내 공을 막역지우莫逆之友로 여겨 서로 왕래하고 종유하였으며, 심성을 논하고 의리를 강론할 적에는 일찍이 존중함을 지극히 하지 않음이 없었다. 또한 세상을 떠난 뒤에는 감히 잊지 못하고 묘표墓表를 지어 후세에 전하는 글을 만들었다.

이는 여헌旅軒 장현광張顯光의 「서신송계계성여표비명후書申松溪季誠閭表碑銘後」로, 두 사람의 교유를 알게 해 준다. 『송계실기』에는 남명이 쓴 묘표와 문인 배신裵紳이 쓴 행록行錄이 전한다. 남명은 묘표의 첫 머리에서 "나만 나중에 죽으려는지 벗들이 먼저 간다."라는 것으로 말문을 열면서 삼족당 김대유·동주 성제원·황강 이희안·청송 성수침 등 먼저 간 벗들을 차례로 거론하였다. 그리고 그들과 절친한 벗이었다는 이유로 벗들의 장례에 발인發靷을 맡거나 묘비명을 짓거나 묘표를 지을 수밖에 없는 서글픈 심정을 토로하였다. 그 외에 동계桐溪 정온鄭蘊이 지은 조응인曺應仁의 묘비명에서도 '송계 선생과 남명 선생과 황강 선생은 도의로 교유

제3장 남명의 벗들

하였는데, 세상 사람들이 영중삼고嶺中三高라 하였다.'라고 하여, 위 세 사람의 사귐이 후대에까지 아름다운 미담으로 전해졌음을 알게 해 준다.

무엇보다도 그들 사후 김해와 밀양에서 보이는 후학들의 행보에서 확연히 알 수 있다. 남명이 살던 김해 산해정 터에 후학들이 신산서원新山書院을 건립하였는데, 사액賜額 후 송계를 배향해 달라 상소하였다. 이들은 그들이 살았던 밀양과 김해가 지리적으로 가까웠고, 두 사람이 자주 왕래하며 학문을

신산서원

토론한 사실, 신계성이 남명에게서 어떠한 평가를 받았는가를 거론하며 여러 번에 걸쳐 상소하였고, 결국 예조의 허락을 얻어 1616년 송계를 배향하였다. 이후 밀양에서도 점필재佔畢齋 김종직金宗直(1431~1492)을 종사하는 예림서원禮林書院에 송계를 배향하려는 움직임이 있었는데, 그때 송계가 남명에게서 어떠한 허여를 받았는가를 거론하면서 사액해 주기를 청하였다. 두 사람의 아름다운 만남은 이렇듯 당대는 물론 사후 후학에게까지 미담으로 계승되었던 것이다.

11. 이 조대가 하루아침에 군수가 되었으니, 재앙의 빌미가 되지 않으리라 어찌 알겠는가 – 일재一齋 이항李恒

『덕천사우연원록』이항(1499~1576) 조항에는 "선생은 젊어서 공과 벗으로 사귀었다."라 하였고, 『일재집』「유사遺事」에서는 "선생과 남명은 젊었을 적 벗이다."라고 하였다. 두 사람이 젊어서부터 벗이었음을 나타내는 기록은 사실 이 두 자료뿐이다. 나머지 기록 또한 많지 않고, 그나마도 1566년 두 사람이 함께 유일遺逸로 천거된 이후의 내용이다. 그 대표적인 것이 바로 다음 기록이다.

사신이 말한다. 성운은 병이 심하여 다시 상소를 올린 후 바로 고향으로 돌아갔다. 조식은 입대한 며칠 뒤 훌쩍 산으로 돌아갔는데, 선비들이 그의 고명高名을 흠모하여 강가까지 나가 배에서 전송하는 사람이 많았다. 조식과 이항은 평소 이름만 듣고 있었을 뿐 서로 면식이 없었는데, 비로소 서울에서 만나자 이내 서로 하대를 하였다. 조식은 언제나 말할 때마다 이항을 조롱하여 "그대는 도적에 비한다면 큰 무리의 도적이지만, 나는 그대의 공초供招에 이끌려 나온 사람이다."라 하였다. 이는 이항이 천거된 뒤 옥당玉堂의 논의에서 조식까지 아울러 나오게 했기 때문에 그의 말이 이러했던 것이다.

이는 『명종실록』 21년 10월 21일조 사신의 기록이다. 그들이 피천된 1566년은 남명의 나이 66세이고, 일재는 68세였다. 이미 한 세상을 다 살아온 늘그막의 두 노인에 대한 기록이다. 더구나 이 기록에서는 남명과 일재가 이전에는 서로 면식이 없었다가 이때에야 만났다는 내용이 보인다. 그리고 두 사람은 만나자 마자 서로 의기가 투합하여 곧바로 절친해졌다고 하였다. 두 사람이 일생 출사하지 않고 구도求道에 전념하는 등의 성향에서 보아 충분히 일리 있는 기록이라 할 수 있다. 그만큼 두 사람은 비슷한 점이 많았다고 할 수 있다.

그렇지만 두 사람의 출처는 늘 비교의 대상이 되었다. 퇴처退處한 후 일재의 모습은 안빈낙도적 삶을 즐기는 처사의 모습이었다. 퇴처가 사대부의 이상적 목표가 아니라 부득이한 선택이었다 하더라도 그는 이를 운명으로 받아들였다. 물론 그에게도 출사에 대한 미련은 있었지만, 현실의 혼란과 위기감이 그를 세상에 잡아두지 못하였다. 그러한 욕망은 당시의 현실상황을 고려해 볼 때 실현가능할 것 같지 않았고, 결국 그는 퇴처의 삶으로 가닥을 잡았던 것이다.

그럼에도 그의 출사는 후에 비난을 받았다. 경명행수經明行修로 천거되었던 6인 중 남명이나 대곡 성운은 전연 출사하지 않았던 반면, 일재를 포함한 갈천葛川 임훈林薰 등은 천거 이후 출사하였다. 그들 중에서 이항은 자신의 출사를 두고 이황에 의해 심한 비판을 받았다.

> 백인걸白仁傑이 칭찬한 사람이 조식과 이항을 가리키는 듯한데, 제가 보건대 조식은 고항高抗한 선비로 본디 세상일에 머리를 숙이려 하지 않았고, 이항은 학문에 종사하되 오로지 벼슬하지 않는 것만을 고상히 여기는 그런 사람은 아니었으니, 두 사람의 마음과 행적은 다릅니다. 이 때문에 선왕의 조정에서 비록 두 사람이 왕명으로 불려왔어도 조

식은 겨우 입대만 하고 바로 지리산으로 돌아갔고, 이항은 명을 받고 수 년을 근무한 뒤에 돌아갔으니, 그 차이가 이와 같습니다.

윤원형의 척신정치가 끝나고 선조 초반 사림을 등용하는 등 제반의 변화가 있었고, 새로운 세상에 대한 희망은 일생 퇴처하던 처사들을 세상에 나오게 만들었다. 그러나 아직은 때가 아니라 여겨 출사하지 않았던 남명이나 대곡 같은 인물들은 이후에도 진정한 처사로서의 영예를 받았다. 퇴계는 천거 이후의 출사를 두고 일재의 출처를 남명과 비교하여 이렇게 비판했던 것이다.

그럼에도 두 사람의 관계는 1566년 처음 만난 것이기 보다 이전부터 허물없이 지내온 사이였던 듯하다. 위 기록에서 일재를 '큰 도적'에 비교한 것도 그러려니와, 피천 이후 임금을 알현하고 임천군수林川郡守로 나가는 일재를 두고 남명은 농담을 섞어 "이 조대措大가 하루아침에 군수가 되었으니, 재앙의 빌미가 되지 않으리라 어찌 알겠는가?"라고 하여, 출사 이후 벗이 화를 당할까 염려되어 이를 만류하기도 했다. '조대'는 가난하면서도 청렴결백한 선비를 일컫는 말이다.

남명은 평소에도 농담인 듯 진담인 듯한 말로 상대를 깨우쳐주거나 각성시키는 데 탁월한 식견을

신응사 앞 너럭바위

가진 것으로 유명하다. 예를 들어 지리산 유람 중 신응사神凝寺에 들었을 때 벗인 구암龜巖 이정李楨을 개울 가 반석의 가장 높은 곳에 올려 앉히고는 "그대는 비록 위급한 상황에 처하더라도 그 자리를 잃지 말게나. 만일 그대가 하류에 빠지기라도 한다면 다시는 올라올 수 없을 것일세."라고 하여, 정신을 높은 경지에 두고서 어떠한 어려움에도 그것을 잃지 말 것을 깨우쳐 주었다. 그리고 성질이 조급하여 섣부른 결과를 바라는 제자가 그를 방문하자, 떠날 때 소를 타고 갈 것을 권하면서 느긋하면서도 쉼 없이 노력하는 소의 기질을 본받도록 깨우쳐 준 일화는 이미 잘 알려져 있다. 그러나 아무리 그렇다

제3장 남명의 벗들

주자 묘소

하더라도 당시 처음으로 만났는데 이런 농담을 했다면 지나친 무례인 듯하다.

결국 이들은 이전부터 이미 교유해 왔었던 듯하고, 그렇지 않다면 적어도 이미 마음으로는 서로에 대해 존경심을 가지고 있었음을 알 수 있다. 다만 일재의 입장에서 본다면 피천 이후 출사하였다는 이유로, 또는 남명의 이러한 몇 마디 농담으로 인해 하위의 비교대상이 된 듯하다. 두 사람의 서로 다른 처세는 당시를 바라보는 인식의 차이에서 비롯된 것일 뿐, 일재 역시 바뀐 세상에 대한 기대로 나아갔다가 때가 아님을 알고 물러나 안빈낙도적 삶을 즐겼던 전형적인 퇴처인이었다.

이항의 자는 항지恒之, 시호는 문경文敬, 본관은 성주星州이며, 일재는 그의 호이다. 어려서부터 말 타고 활 쏘는 등 무예에 뛰어났고, 성장해서는 남치욱南致勖·남치근南致勤 형제와 민응서閔應瑞 등과 무예를 익혀 무과에 급제하였다.

그러던 중 28세 때 백부 이자견李自堅의 충고로 무武를 버리고 학문에 뜻을 두어 『대학』을 읽었다. 그 즈음 이웃에 살던 고한좌高漢佐의 집에서 「주자십훈朱子十訓」과 「백록동학규白鹿洞學規」를 보고서야 발분하여 구도求道에 더욱 뜻을 두었고, 곧바로 도봉산 망월암望月庵에 들어가 학문에 전념하였다. 이 시기에 윤정尹鼎·민기閔箕·나식羅湜 등과 교유하였다.

40세 때 을사사화를 예견하고서 전라도 태인泰仁에 은거했으며, 이 시기 경상도 선산善山에 살던 송당松堂 박영朴英을 찾아가 배웠다. 스승인 박영도 일재와 마찬가지로 젊어서 무예를 익히다가 한훤당寒暄堂 김굉필金宏弼의 문인 정붕鄭鵬에게 도학을 익혔으며, 의학 등에도 밝았다. 일재가 박영을 찾아 스승으로 섬겼던 것도 이런 유사한 전력前歷 때문이었을 것이다. 이듬해 태인의 보림산寶林山에 정사를 지어 '일재一齋'라 이름하고는, 30년 가까이 출

백록동서원

사하지 않고 학문연마와 강학에 진력하였다.

68세인 1566년 경명행수經明行修로 천거되어 사정전思政殿에서 명종을 알현하고는 나라를 다스리는 도리와 학문하는 방법에 대해 진언하였다. 1567년 5월에 병으로 사퇴하고 돌아오니 왕이 의원을 보내 문병하였다. 1574년(선조 7) 사헌부 장령을 거쳐 장악원 정을 지냈으나 병이 악화되어 사퇴하고 돌아왔다. 그 뒤 5도의 찰방에 임명되었으나 부임하지 못하였고, 왕이 네 차례나 의원을 보내 치료하게 했으나 결국 완쾌하지 못하고 78세인 1576년 태인의 분동粉洞에서 세상을 떠났다.

12. 포용과 아량을 지닌 것으로 허여한 벗
― 갈천葛川 임훈林薰

남명은 덕산 인근의 명승지 가운데서도 특히 함양의 화림동花林洞을 자주 찾았다. 지금은 함양군에

속하지만 예전에는 안의군安義郡에 속했던 곳으로, 빼어난 경관이 유명하다. 남덕유산에서 발원한 남계천 줄기를 따라 함양군 안의면과 서하면에 걸쳐 있는 계곡이 화림동이다. '안의계곡'이라고도 한다.

남명은 51세와 66세 때 각각 이곳을 찾았다. 남명이 이곳을 찾은 것은 빼어난 경관 때문도 있었지만, 자신을 기다리는 벗과 문인들이 있었기 때문일 것이다. 함양의 선비 옥계玉溪 노진盧禛과 개암介庵 강익姜翼을 비롯하여, 인근지역인 거창에는 갈천 임

화림계곡의 농월정

제3장 남명의 벗들

훈(1500~1584)이 있었다. 이들은 함께 인근의 명소를 찾아 산수를 즐기거나 서로의 은거지를 방문해 학문을 토론하며 우의를 다졌다. 화림동은 갈천과 남명에게는 뜻 깊은 장소였다. 적어도 기록상으로 전하는 두 사람의 교유는 이 화림동에서의 만남이 전부라 해도 과언이 아니기 때문이다.

갈천의 교유인으로는 남명을 비롯하여 노진·강익·조종도趙宗道 등이 있으며, 한 번도 만난 적은 없으나 깊이 허여하여 어린 선조에게 곁에 두도록 천거한 이황李滉도 그 중 한 사람이다. 갈천과 남명의 교유에 관한 직접적 기록은 많지 않다. 1563년 64세의 갈천이 부친상을 당하자 남명이 찾아가 위로하였고, 두 사람 모두 경명행수로 피천된 1566년 남명이 명종을 알현하고 내려오는 길에 문인 하항河沆·조종도·하응도河應圖·유종지柳宗智·이정李瀞 등과 함께 함양으로 노진을 찾았다가, 다시 안의로 임훈을 찾아가 원학동猿鶴洞·장수동長水洞·옥산동玉山洞 등 인근의 명산 경관을 유람하고 갈천정사에서 하루를 묵은 후 돌아갔다는 기록 정도이다. 현 경상남도 안의면에 산수가 빼어난 세 곳을 '안의3동'이라 부르는데, 바로 이 세 곳을 가리킨다. 곧 장수동은 일명 심진동尋眞洞을, 옥산동은 화림동을 말한다. 이때 이들은 화림계곡 농월정弄月

갈천서당

亭 근처에서 노닐며 시를 지었는데, 남명은「유안음 옥산동遊安陰玉山洞」이라는 시 3수를 지었으며, 갈천은 남명의 시에 차운하여「화림동월연암차남명운 花林洞月淵巖次南冥韻」이란 시를 지었다.

  두 사람은 직접적 교유가 많지 않았지만 당대 영남 사림을 대표하는 인물이었으며, 서로를 마음 속 깊이 허여하고 존경했던 외우畏友였다.

세도를 만회함이 그대의 일이었으니	挽回世道吾君事
산림에서 쓸쓸히 지낼 사람 아니었네.	非是山林謾索居
만일 고인과 비교해 차례를 논한다면	若把古人論次第
천 년 전 동강의 엄광에 비함이 어떨지.	桐江千載問何如

  이는 남명이 세상을 떠나자 갈천이 지은 만시輓 詩로, 두 사람의 허여가 얼마나 깊고 넓었는지를 알

제3장 남명의 벗들

게 해 준다. 갈천은 남명이 출사하지 않고 은거해 있지만 세도를 만회할 만한 뛰어난 인물이며, 그만한 인물은 당대는 물론 고인에게서도 찾아보기 힘들며, 굳이 찾는다면 엄광嚴光에 비유할 만하다고 하였다. 주지하듯 엄광은 남명이 「엄광론嚴光論」에서 자신이 출사하지 않는 이유를 비의比擬하여 거론했던 인물이다.

남명이 갈천의 사람됨에 대해 언급한 기록은 없으나, 갈천의 문인 정유명鄭惟明이 쓴 행장에 의하면 '남명과 외경畏敬하는 사이였으며, 남명이 늘 포용과 아량이 있는 것으로 허여하였다.'라고 한 것만으로도 두 사람의 교유를 짐작할 수 있다.

임훈의 자는 중성仲成, 호는 갈천 외에도 자이당自怡堂・고사옹枯查翁이 있으며, 시호는 효간孝簡, 본관은 은진恩津이다. 그의 선대는 본래 개성에 살았는데 고조부 임식林湜이 함양으로 이주, 증조부 임천년林千年에 이르러 안의 갈천동에 세거하였다.

엄자릉 조대

갈천의 생애는 크게 세 번의 전환기가 있었다. 첫 번째는 20세 되던 해에 발생한 기묘사화이다. 특히 10세 후반부터 그의 자질과 능력을 인정하고 격려해 주었던 김안국金安國이 사화에 화를 당하자, 갈천은 퇴처의 삶을 결심하였다. 당시 그는 자신을 '세상에 버림받은 사람'이라 여길 정도로 좌절과 충격이 심하였다. 이때부터 과거공부를 단념하고 고향 인근의 산천을 두루 노닐며 수신修身에 전념하였다.

30대 후반인 1537년 김안로金安老가 세상을 뜨고 김안국 등 사림이 다시 등용되었는데, 당시의 이러한 정국은 갈천에게 새로운 세상에 대한 기대를 갖게 했을 것이다. 그러다가 1545년 을사사화가 일어나고, 결국 갈천은 다시 갈천동으로 들어가 자이당自怡堂을 짓고 은거하였다. 이것이 두 번째 전환기이다.

그는 이 시기에 자이당에서 학문연마는 물론 강학에 힘썼으며, 인근 산천을 두루 유람하며 호연지기를 강마하였다. 1540년 생원시에 합격하여 성균관에서 독서하였다. 1555년 전생서 참봉典牲署參奉이 되었다가 얼마 후 고향에 돌아와 80세가 넘은 노

자이당

부를 봉양하였는데, 이 일로 1566년 효행의 정려旌
閭를 받았다.

특히 67세인 1566년에는 경명행수經明行修로 천
거되어 언양현감彦陽縣監·비안현감比安縣監 등을
지냈다. 그는 이 기간 동안 자신이 온축해 온 자질
과 능력을 적극 발휘하여 민생의 안정과 국정의 잘
못을 시정하는 데 기여하였다. 이것이 세 번째 전환
기이다. 이 세 번째야말로 그의 인생에서 가장 절정
을 이룬 시기이며, 유일遺逸로서의 역량과 가치를
유감없이 드러낸 중요한 시기였다. 이후 장악원 정
掌樂院正을 거쳐 광주목사光州牧使를 지냈고, 1582
년 장례원 판결사掌隷院判決使에 임명되었으나 사
퇴하고 고향으로 돌아왔다.

갈천과 남명은 닮은 점이 많다. 16세기 같은 시
대 같은 영남지역에서 살았다는 점, 선비들의 암흑
기라 할 수 있는 사화기士禍期에 출사보다는 퇴처의
삶을 살았다는 점, 두 사람 모두 경명행수로 천거되
었다는 점 등을 들 수 있다.

물론 피천 이후 이들이 보여주는 삶의 행로는
서로 상반된다. 예컨대 남명은 피천 후에도 끝내 출
사하지 않았던 반면, 갈천은 언양현감을 시작으로
광주목사까지 승차하였고, 사후에는 이조판서에 추
증되었다. 이것이야말로 두 사람을 분변할 수 있는

가장 상반된 피상적 특징일 것이다. 물론 상반된 행로를 보였다 하여 두 사람 중 어느 한 사람이 옳지 않은 길을 걸었다는 것은 아니다. 암울한 시대에 자신의 뜻을 맘껏 펼칠 수 없음을 알고 일생 은거하였다가, 만년이 되어서야 자신의 이상을 펼칠 기회를 가진 그들이 선택했던 하나의 길이었을 뿐이다. 어느 쪽을 선택했던 가는 길이 달랐을 뿐 그 궁극적인 목적은 같았던 것이다.

임훈의 학문은 한마디로 '성경誠敬'과 '정심正心·수신修身'을 중심으로 한 실천적 위기지학으로 정리할 수 있다. 그는 창가 벽에 '성경' 두 자와 '사무사思無邪'·'무자기毋自欺' 등의 문구를 붙여 놓고 늘 마음에 새겼다. 이러한 각고의 수양은 '정심'과 '수신'으로 구체화되어 나타났다. 그는 경명행수로 천거되어 사정전에서 명종을 알현할 때 치도治道에 대해 묻는 임금의 물음에 '정심수신설'로 답하였다. 뿐만 아니라 비안현감에 제수되어 지역의 고질적 폐단을 아뢰고, 아울러 선조에게 정심수신할 것을 말하였다.

> 오늘날의 폐단으로는 민생의 곤궁하고 초췌함보다 더한 것이 없습니다. 신이 일찍이 수령을 지냈었는데, 민생의 폐단은 수령의 힘으로 능히 구제할 수 있는 바가 아닙니다. 신은 항상 백성을 구제할 계책이 없음을 한스러워 했습니다. … 신의 망

거창 갈계리 임씨 고가

령된 생각으로는, 전하로부터 정심수신하여 학문의 공력이 날로 진보한다면 치세의 효과가 저절로 드러날 것이며, 백성은 저절로 편안해질 것입니다.

그는 만년에 언양·비안현감을 역임하는 동안 몇 차례의 봉사封事를 올렸다. 대체로 그 지방의 피폐한 사정을 소상히 진술하여 시정을 요하는 내용이었지만, 항상 지방민의 고통과 피폐의 원인을 임금에게 돌리며 군주의 정심수신을 일관되게 강조하였다.

남명은 문정왕후와 윤원형의 외척정치가 행해지던 때부터 명종의 친정親政이 시작되는 1566년까지 여러 차례 천거를 받았으나 출사하지 않았다. 명종의 친정으로 시대가 일시 바뀌어 마치 왕도정치가 실현될 듯 보이지만, 국정의 근본문제가 해결되지 않으면 안 된다고 생각하였다. 때문에 그 근본문제를 개선하기 전에는 출사할 수 없으며, 그러한 근본을 개선하고 유지하기 위해서는 끊임없는 군주의 반성과 수양이 필요하며, 이를 위해서는 죽음을 불사하고서 시정時政의 폐단을 진언하였다.

똑같이 시폐에 대해 비판하면서도 남명이 근본적인 문제개선을 촉구한 경우라면, 갈천은 근본적인 문제가 개선될 때까지 노력하며 기다리는 방법을 택하였고, 세상이 나아지고 기회가 주어진다면 나아가 자신의 능력으로 현실을 개선하려 하였다. 그는 자신의 능력으로 잘못된 현실을 바꾸면서 그 근본을 확고히 하는 데로 나아가야 한다고 생각했던 것이다. 때문에 천거되어 현감직을 제수받았을 때 과감히 나아가 현실을 비판하고 또 이를 개선할 방법을 끊임없이 진언하였다. 언양현감에 부임한 다음해 언양현의 여섯 가지 폐단과 그 대책을 조목조목 열거하였고, 이후 올리는「무오소봉초戊午召封草」・「을해사은봉사乙亥謝恩封事」・「정축사은봉사丁丑謝恩封事」 등에서도 민생을 구제할 방법과 조정의 대책을 끊임없이 요구하였던 것이다.

13. 저녁에 죽어도 여한이 없을 듯
─규암圭菴 송인수宋麟壽

남명이 오랜 기간 매달려 온 과거공부를 접고 진정한 위기지학爲己之學의 길로 접어들자, 그의 절친한 벗들이 이를 축하하고 격려하기 위해 선물을 보내왔다. 동고東皐 이준경李浚慶은 『심경心經』을 보내 각별한 마음을 전하였고, 『대학大學』을 보내 준 이가 있었으니 바로 규암 송인수(1499~1547)였다. 이 모두 위기지학의 길로 접어든 남명에게 꼭 필요한 책이었다. 주지하듯 두 책은 당시 학자들이 수신修身 공부를 위해 중시하던 것이었다. 남명은 규암에게서 이 책을 받고 '마치 저녁에 죽더라도 여한이 없을 듯하였다.'라는 말로 그 벅찬 마음을 표현하였다. 남명에게 그는 그러한 벗이었다.

남명과 규암의 친밀한 교유는 다른 데서도 찾을 수 있다. 1545년 남명의 모친이 세상을 떠나자, 남명은 모친의 묘갈명을 규암에게 부탁하였다. 당시 규암은 고향인 청주에 물러나 있었다. 이 글은 현전하는 『규암집』에 실려 있다.

두 사람의 교유는 매우 절친했던 것으로 알려져 있으나, 실질적 자료는 이 두 가지뿐이다. 그들은 거처하는 지역도 상당히 멀었고, 무엇보다 두 사람 일생의 행적에는 상당한 거리감이 있다. 남명은 출사하지 않고 물러나 살았던 반면, 규암은 관직을 마다하지 않았다. 남명이 일생 출사할 때가 아니라하여 물러나 있었던 것에 비해, 규암은 그러한 시대를 고고한 기질로 세상과 타협하지 않고 관료생활을 하였으니, 그의 생애가 순탄치 않았음은 불을 보듯 뻔했다. 그는 몇 번의 진퇴와 귀양살이를 하면서도 환로宦路에서 벗어나지 않았다. 그러다 결국 을사사화가 일어난 2년 뒤 양재역벽서良才驛壁書 사건에 연루되어 사약을 마시고 억울하게 세상을 떠났다.

남명의 절친한 벗 가운데 을사사화의 여파로 세상을 떠난 이는 대곡 성운의 중형인 성우成遇와 곽순郭珣, 그리고 규암이 있다. 남명은 기회가 있을 때마다 이

남명 모친의 묘소와 묘비

제3장 남명의 벗들

들의 죽음을 안타까워하고 슬퍼하며 눈물을 흘렸다고 한다.

송인수의 자는 미수眉叟, 본관은 은진恩津, 시호는 문충文忠이며, 규암은 그의 호이다. 그의 선대는 고려 왕조에 벼슬하여 개성에 살았는데, 안렴사按廉使를 지낸 송명의宋明誼가 충남 회덕懷德의 황씨에게 장가 든 이후로 규암의 일족이 회덕에 많이 거주하게 되었다고 한다. 규암은 본래 한양에서 태어났으나 이후 관로에 있지 않을 때는 주로 청주에서 생활하였다.

규암의 증조부인 송순년宋順年의 사위가 중종 때 영의정을 지낸 정광필鄭光弼이며, 종조부 송여익宋汝翼의 사위는 충암沖菴 김정金淨이다. 또한 규암의 매서妹壻는 바로 남명의 또 다른 지기인 동주東洲 성제원成悌元이다. 규암의 형이 서부西阜 송귀수宋龜壽인데, 이들 세 사람은 함께 도를 강론하며 절친하게 지냈다. 이들 집을 지나치

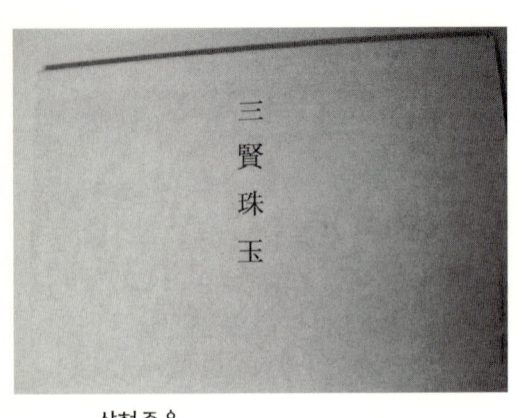

삼현주옥
송인수·성제원·송귀수의 작품집

는 당시 사람들이 공경하여 그 마을을 '삼현려三賢閭'라 불렀다고 한다.『규암집』에 그의 종증손從曾孫인 우암尤庵 송시열宋時烈(1607~1689)이 지은「삼현려기三賢閭記」가 전한다.

규암은 20세 때 평와平窩 윤탁尹倬(1472~1534)에게 나아가 배웠는데, 윤탁은 조광조趙光祖와 도의로 사귄 인물이다. 23세인 1521년 별시문과에 급제하여 벼슬길에 오른 규암은 곧이어 예문관 검열·홍문관 정자 등을 거쳐 사가독서賜暇讀書의 영광을 얻었다. 이때 김안국金安國의 인정을 받았으며, 절친하게 사귄 이로는 이황·이언적·이항李恒·김인후·유희령柳希齡 등과 정유길鄭惟吉·신광한申光漢 등 당대의 석학들이었다. 이후 승차를 거듭하여 홍문관 응교·이조참판·경상도 관찰사 등에 이르렀다.

규암의 순탄한 관직 생활에서 마魔가 되었던 것은 두 가지인데, 바로 김안로金安老와 윤원형尹元衡과의 관계였다. 주지하듯 두 사람은 당시 선비들이 제일 꺼려하고 기피하는 대상이었으며, 혼란한 정국을 주도했던 인물이기도 하다.

김안로는 1530년을 전후하여 실권을 쥔 권력자로서, 당시 모두 그의 눈치를 보는 상황이었다. 그런데 규암은 독단적인 그의 행위에 강력하게 반발하

제주 오현단
제주에 유배 또는 부임했던 김정·송인수·김상헌·정온·송시열을 제사지 내던 곳

였고, 곧이어 이마저도 보기 싫어 제주목사로 나가 버렸다. 그런데 제주목사로 나갔던 규암이 몇 달 되지 않아 병을 핑계로 사직서를 냈는데, 임금의 허락이 떨어지기도 전에 고향으로 돌아가는 사태가 발생하였다. 이 일로 인해 그는 사천泗川으로 유배되었다. 4년여의 유배생활 동안 사천에 사는 23살의 젊은 선비였던 구암龜巖 이정李楨이 규암에게 수학하였는데, 구암은 규암의 문인 가운데 최고의 인물로 성장하였다.

또한 1545년에는 동지사冬至使가 되어 명나라에 다녀온 후 사헌부 대사헌이 되었는데, 그해 3월 윤원형을 탄핵하였다. 그 전해 11월에 중종이 승하하고 인종이 즉위하여, 문정왕후의 마음을 달래고자 그 동생인 윤원형을 공조참판에 제수하였다. 그런데 규암이 그의 사람됨과 그간 물의를 빚은 일을 두고서 강력히 탄핵하였던 것이다. 그렇지만 곧이어 명종의 등극으로 윤원형 일파가 득세하면서 규암은 파직되었고, 한 번 박힌 미운 털은 2년 뒤 윤원형 일파에 의해 자행된 양재역벽서 사건에 연루되어 제일 먼저 사사되었다.

14. 네 가지가 같은 벗
― 청향당淸香堂 이원李源

문익점文益漸(1329~1398)의 목화시배지로 더 유명한 산청군 단성면 배양培養 마을. 그곳에서 일생을 소요하며 남명과 벗하였던 이가 있었으니, 바로 청향당 이원(1501~1569)이다.

이원의 자는 군호君浩, 본관은 합천이며, 청향당은 그의 호이다. 그의 7대조 이운호李云皓가 처음 산청군 단성면 소이곡所耳谷에 살았고, 조부 이계통 李季通이 단성면 배양리로 이주하였다. 「연보」에 의하면 배양리는 본래 주세후周世侯의 옛 터전이었으

배양마을 전경

나 문익점이 그의 사위가 되면서 문씨들의 세거지가 되었다고 한다. 그런데 조부 이계통이 모친의 명으로 외선조인 문익점의 묘역과 비각을 보살피면서, 이씨들이 배양리에 세거하게 되었다.

청향당은 33세인 1533년 진사시에 합격하고, 이듬해 성시省試에 응시했으나 낙방하였다. 이후 과거를 단념하고 은거하여 심성수양과 학문연구에 진력하였다. 37세 때 청향정사淸香精舍를 지었고, 48세 때 구사재九思齋를 지어 그 속에서 자락하니, 여러 학자들이 내방하여 학문을 강마하였다. 이후 두 곳은 여러 처사들의 회합장소가 되었다.

그는 당대 여러 석학들과 교유하였다.「연보」에 의하면, 청향당은 18세에 이미 남명과 산사에서『주역』을 읽었으며, 25세에는 『성리대전』을 읽었다. 이후에도 김해 산해정을 방문하거나 아들 이광곤李光坤과 조카인 죽각竹閣 이광우李光友(1529~1619)를 남명에게 보내 배우도록 하는 등 절친한 친분을 쌓았다.

21세 때에는 의춘 이씨宜春李氏에게 장가들어 처가에 갔다가 그 곳에서 퇴계 이황을 만났다. 청향당·남명·퇴계 세 사람은 같은 해에 태어나고 뜻이 부합하여 막역한 사이가 되었으며, 이후에도 여러 차례 서신을 교환하고 방문하였다. 이들의 교유는 그들의 문인을 보내 배우게 하는 것으로도 나타났다. 청향당은 죽각을 퇴계에게 보내 이기理氣 등을 배우도록 했는데, 이때 퇴계는 정지운鄭之雲과 주고받은 도설圖說과 편지 등을 보여주는 등 열의를 다하였다. 『죽각집』의 「도산배문록陶山拜門錄」에 이와 관련한 자세한 기록이 보인다. 퇴계는 금난수琴蘭秀(1530~1604)를 청향당에게 보내 시와 편지를 전하였는데, 그 편지와 시가 『청향당실기』에 보인다. 「연보」에는 26세 때 퇴계가 내방하여 머물다 간 것으로 되어 있으나 자세치는 않다.

그 외에도 김안국·이언적·임훈·이희안·신계성과 절친하였다. 일생 학문연구와 심성수양에 치력한 그의 공적을 인정하여 나라에서는 46세 때 곤양훈도昆陽訓導에 제수하고, 64세 때 전생서 주부

제3장 남명의 벗들

배산서당

에, 69세에는 다시 함양훈도咸陽訓導에 제수하였다. 그러나 모두 나아가지 않고 일생을 마쳤다. 사후 산청군 단성면 배산서원培山書院에 제향되었다.

 청향당의 글은 전란으로 소실되고 남아 전하는 것이 거의 없다. 1860년 간행된 『청향당실기』에 의하면 청향당의 자작으로 전하는 것은 시 1편뿐이며, 당시 절친한 벗이었던 퇴계의 문인 금난수의 문집에 실려 있던 것을 문집 간행 당시 후손들이 찾아내 수록한 것이다. 따라서 현전하는 기록으로 청향당의 정취를 느끼기에는 안타까운 측면이 있다.

 그러나 청향당이 당대 교유했던 인물에 대해서는 쉬이 살펴볼 수 있다. 특히 일생 가장 절친한 지기이자 동년우였던 남명 및 퇴계와의 교유는 그나

배산서원 전경

마 풍부한 기록을 전하고 있다. 『청향당실기』에는 문집 간행 당시 그의 후손들이 도산서원 광명실光明室에서 퇴계와 관련한 기록을 모두 찾아 수록하였고, 또한 안동과 예안禮安의 학자들을 두루 찾아다니며 청향당과 관련한 기록도 수집하였다. 그렇게 하여 찾아낸 것이 바로 금난수의 『성재집惺齋集』에 실린 시 외에 퇴계가 청향당에게 보낸 시 12수와 편지 13통, 남명이 청향당에게 보낸 시 10수, 관포灌圃 어득강魚得江이 보낸 시 12수이다. 적어도 남명과 퇴계와의 교유에 대해서는 꽤나 풍부한 자료를 찾았다고 하겠다. 여기서는 남명과 퇴계의 글을 중심으로 살펴본다.

제3장 남명의 벗들

네 가지가 같으니 응당 새로 안 사람과는 달라	四同應不在新知
나를 일찍이 종자기에 견주었었지.	擬我曾於鍾子期
칠언시·오언시가 만금의 가치가 있건만	七字五言金直萬
곁의 사람은 한 편의 시로만 간주하누나.	傍人看作一篇詩

남명이 청향당의 시에 화운한 「화청향당시和淸香堂詩」이다. 화운시이니 분명 청향당이 보낸 시가 있었을 것이다. 남명의 화운시에 의하면 아마도 청향당의 원시原詩는 남명을 일러 종자기鍾子期에 비유하는 글이었으리라. 남명은 청향당과 네 가지가 같아서 새로 사귄 사람과는 다르다고 하였다. 여기서 네 가지란 '나이[年], 마음[心], 덕德, 도道'를 뜻한다. 남명과 청향당은 1501년 같은 해에 태어났다. 마음과 덕과 도를 함께 하기에 두 사람은 일생 서로 강요하지 않았음에도 부정한 현실에 한 번도 나아가지 않았으며, 또한 죽을 때까지 서로 깊이 허여하는 지기가 되었으리라. 마치 말하지 않아도 서로의 마음이 통하던

광명실

백아伯牙와 종자기처럼 말이다.

    실제로 청향당과 남명의 교유는 서로 간의 잦은 방문을 통해서도 감지할 수 있다. 예컨대 청향당은 29세 때 남명이 공부하던 명경대明鏡臺를 방문했고, 30세에는 김해 산해정으로 찾아가 당시 남명을 만나러 왔던 대곡 성운 및 신계성·이희안 등과 교유하였다. 37세에 청향정사를 낙성하자 남명이 내방하여 「청향당팔영淸香堂八詠」이란 여덟 수를 지었다. 이후 48세 때 삼가 뇌룡사雷龍舍로 남명을 찾아가 학문을 토론하였고, 50세에는 아들과 조카를 보내 배우게 했으며, 57세에도 각재覺齋 하항河沆과 함께 뇌룡사로 내방하였다. 66세에는 덕산으로 남명을 찾아갔으며, 67세에는 남명의 「신명사명神明舍銘」을 교정하였다. 청향당이 평생을 살았던 단성과 남명이 만년에 은거했던 덕산과는 거리가 비교적 가까워 자주 내방했다 하더라도, 젊은 시절 김해나 합천 등지로 이렇듯 자주 왕래했음에 새삼 놀라지 않을 수 없다. 그만큼 두 사람의 교감이 깊었기 때문이리라.

    청향당은 남명에 못지않게 퇴계와도 절친하였다. 퇴계가 보낸 12편의 시와 13통의 편지가 이를 증언하고 있다. 편지의 내용 중에는 서울에 있던 퇴계가 자신의 처가에 상사喪事나 제사가 있을 때 도와 줄 것을 청하는 것이 4통이나 된다. 게다가 처가의 장례가 있을 때 의령에 돌림병이 돌았는데, 그럼에도 장례를 끝까지 마무리해 줄 것을 청하고 있다. 그리고 '본가의 일을 청향당과 처남인 허사렴許士廉이 잘 처리해 주리라 믿는다.'는 내용으로 보아, 청향당이 퇴계의 본가는 물론 처가의 일까지 두루 관여했음을 알게 해 준다. 두 사람의 교분이 얼마나 두터웠는지를 짐작하고도 남음이 있다.

청향당은 남명과 퇴계의 교량 역할에도 꽤 충실했던 것으로 보인다.

세 사람의 태어남을 누가 알았으랴	三人初度有誰知
갑년보다 3년 앞, 유년에 태어났네.	先甲三年酉是期
두류산과 배양리 아득히 멀기만 하나	邈阻頭流與培養
서로 그리워서 시 보내는 일 없으랴.	可無相憶遞傳詩

이는 퇴계가 청향당에게 보낸 것으로, 위에서 말한 세 사람이란 바로 청향당·남명 그리고 퇴계 자신을 말한다. 세 사람은 모두 신유년辛酉年인 1501년에 태어났다. 이 시에 붙여진 주석에 의하면, '청향당이 자신의 시 3수와 함께 남명의 시 1수를 부쳐왔기에 차운하여 청향당에게 부치고 아울러 남명에게도 보여주게 하였다.'고 기록되어 있다. 3행에서 남명이 사는 두류산의 덕산과 청향당이 사는 단성 배

청향정사 터

양리를 거론한 것으로 보아, 이 시는 남명이 덕산에 들어간 이후에 지어진 듯하다. 한 번도 만나지는 않았지만 서로에게 무한한 외경심을 지녔던 남명과 퇴계. 그리운 마음을 청향당을 통해 전달했던 것이다.

연암燕巖 박지원朴趾源(1737~1805)이 쓴 청향당의 묘지명에 의하면, 연암은 먼저 '퇴계와 남명이 영남에서 학문을 일으켜 이 지방의 선비들이 두 문하로 나아갔는데, 이들과 교유하면서 둘의 완급을 조절하고 절차탁마하여 인仁을 도운 사람이 바로 청향당이다.'라고 칭송하였다. 그리고 이어 '큰 현인의 출생은 세상에서 드문 일인데 청향당·남명·퇴계 세 사람이 한 해에 태어나 진유眞儒의 정맥이 되었으니, 이는 천지의 융성한 운運이고 성왕聖王의 큰

제3장 남명의 벗들

조화이다.'라고 기술하였다. 연암의 이 말은 당대 청향당이 지녔던 가치와 의의를 절묘하게 나타낸 표현이라 생각된다.

당시 영남의 우뚝한 두 봉우리, 그러나 절대 서로 융합될 수 없었던 남명과 퇴계의 세계를 동시에 넘나들었던 인물이 바로 청향당이다. 어쩌면 남명과 퇴계라는 이 거대한 두 봉우리가 만나지 않음으로써 각자의 온전함을 오롯이 지킬 수 있었던 것이 청향당의 진정한 공이 아닐까 생각해 본다.

15. 만약 때를 만났더라면 큰일을 해냈을 터인데 - 경재警齋 곽순郭珣

곽순(1502~1545)의 자는 백유伯瑜, 본관은 현풍이며, 경재는 그의 호이다. 아버지는 사재감 첨정을 지낸 곽수녕郭遂寧이며, 어머니는 영천 김씨永川金氏로 충순위를 지낸 김철서金哲瑞의 딸이다. 그의 선대는 대대로 청도 대평大坪에서 살았는데, 부친이 영천으로 이주하였다.

25세인 1526년 눌연訥淵으로 박하담朴河淡을 방문하여 이기理氣와 성심性心을 강론하였다. 운문산雲門山 공암孔巖의 경치를 좋아해 집을 짓고는 곡천

운문산 공암

대曲川臺라 이름하고서 학문에 열중하였다. 그 이듬해 청도에 사는 삼족당三足堂 김대유金大有 및 남명과 함께 『시경』을 강론하고 운문산을 유람하였다.

1528년 식년시 문과에 급제하여 호조좌랑·진보현감眞寶縣監 등을 거쳐 홍문관 교리·사간원 사간 등 청요직을 두루 거쳤다.

곽순은 이해 4월 1일부터 3일 동안 사간司諫으로서 조강朝講에서 『상서』무일편無逸篇 강의에 참여하였고, 9일에는 시강관侍講官으로서 『소학』 경연에 참여하였다. 그는 경연에서 임금에게 '한가할 적에 생각이 일어나면 이것이 요순堯舜과 같은 생각인지를 염두에 두시기 바라며, 조광조의 관작을 회복하면 사습士習이 바로잡힐 수 있고 국가의 원

제3장 남명의 벗들

기도 배양될 수 있을 것입니다.'라고 건의하였다.

이후 백인걸白仁傑이 역당을 비호하며 나라를 위하는 이들을 공격한다고 논계하였는데, 이 일로 백인걸이 파직되었으나 옥당과 사간원의 대간들도 모두 파직되었다. 그러나 얼마 후 을사사화가 일어나 관직을 삭탈당하고, 9월 15일 옥중에서 죽었다.

경재는 동향인 청도의 벗이었던 박하담과 김대유 및 남명 외에도 성수침·성운·성우成遇·송인수·이윤경·이연경李延慶 등 당대의 명망 있는 사람들과 교유하였다. 시사時事가 잘못되어 가는 것을 보고 귀향하려던 경재가 성수침을 찾았으나 만나지 못하고 시 한 수를 남기고 돌아갔다는 기록이 보인다. 남명의 절친한 벗 가운데 을사사화에 화를 당한 이로는 이림李霖·성우와 곽순이 있는데, 매번 그들을 생각할 때마다 눈물을 흘렸다고 한다.

그의 작품은 대부분 유실되어 전하는 것이 거의 없다. 1975년 후손과 청도의 사림이 중심이 되어 『조선왕조실록』에서 곽순에 관한 기록을 뽑아내고, 제현諸賢의 문집에서 관련 내용을 발췌하여 실기 1책을 편집하였다. 그러나 이 책에서 저자의 자작으로는 시 1수, 편지 1편, 대간으로 있을 때 올린 소疏와 차箚가 각 1편, 계啓 6편이 실려 있는데, 대부분 『조선왕조실록』에서 발췌한 것들이다.

남명은 "곽순은 벼슬하는 것을 즐겨하지 않고 어진 사람을 좋아하며 착한 일을 즐겨 하였으니, 만일 때를 만났더라면 반드시 큰일을 하였을 것이다."라고 하였으며, 권벌權橃은 "곽순은 곧기가 화살과 같았으니, 말을 아는 사람이라 할 수 있다."라고 하여, 그의 죽음을 안타까워하였다.

16. 우직한 그대는 내 마음 알아주리라
  ─ 황강黃江 이희안李希顔

덕유산에서 발원해 합천을 거쳐 낙동강과 합류하는 황강 하류의 절벽 위에 황강정黃江亭이 있다. 바로 이희안(1504~1559)이 28세 때 학문을 연마하기 위해 지은 곳으로, 현 경상남도 합천군 쌍책면 성산리에 있다. 이곳은 남명이 살았던 뇌룡정과 그다지 멀지 않은 곳이다. 서로의 거처가 다른 벗들에 비해 가까웠기 때문인지, 두 사람 교유와 관련한 기록은 전하는 것이 많은 편이다. 황강의 글은 워

황강정 현판

이희안 묘비

낙 전하는 것이 없기에 확인할 길이 없다 하더라도, 남명이 황강에게 전한 시가 8수이며, 황강이 세상을 뜨기 한 해 전인 1558년 함께 지리산을 유람한 기록이 전하며, 황강 사후에 그를 위해 남명이 지은 묘갈 또한 전한다. 이 정도 자료라면 그들의 교유를 살피기에는 충분하리라.

이희안의 자는 우옹愚翁, 본관은 합천이며, 황강은 그의 호이다. 아버지는 호조참판을 지낸 이윤검李允儉이며, 어머니는 최윤덕崔潤德의 증손녀이다. 최윤덕은 남명의 어머니인 인천 이씨의 외조부이기도 하다. 맏형은 월휘당月暉堂 이희증李希曾(1486~1509)이고 중형은 이희민李希閔(1498~1521)인데, 장래가 촉망되는 인재들이었으나 일찍 세상을 떠났다. 16

세 때 기묘사화가 일어나 김식金湜과 친분이 두텁던 부친이 구금되고, 중형인 이희민이 조광조의 문인이라는 이유로 삭탈관직되는 불운을 겪었다.

황강은 김안국金安國의 문인으로 알려져 있으나, 「연보」에 의하면 21세 때 김안국을 찾아가 부친의 묘갈명을 청한 정도이다. 김안국이 쓴 묘갈에 의하면, 그의 동생 김정국金正國이 황강 형제와 교유하여 그 인연으로 자신과도 교유하게 되었으며 또 묘갈을 청하게 되었다고 하였다. 22세 때 문과에 장원급제하였으나 출사하지 않았고, 신계성申季誠의 죽림정사竹林精舍와 남명의 산해정을 방문하여 도의지교를 맺는 등 석학들과의 교유에 힘썼다.

28세 때인 1531년 황강정을 지어 그곳에서 소요하였다. 황강정은 성수침·성운·조식·신계성·성제원 등 당대 처사들이 내방하여 학문을 강마하는 등 회합장소로서의 역할을 담당하였다. 예컨대 33세 때는 성운이 내방하였고, 36세 때는 성제원이, 47세 때는 성수침이, 54세 때는 퇴

합천 황계폭포

계의 문인 조목趙穆과 황준량黃俊良 등이 찾아와 학문을 강마하였다.

40세에 상서원 직장에 제수되고 조봉대부朝奉大夫로 승진하여 이황과 성균관에서 교유하였다. 49세 때인 1552년에는 조식·성제원과 함께 유일遺逸로 천거되어 고령현감高靈縣監에 부임하였으나, 관찰사와 뜻이 맞지 않아 곧바로 사직하였다. 이에 당시 감사였던 정언각鄭彥愨이 조정에 장계를 올려 황강에게 벌을 청하였는데, 이때 유중영柳仲郢이 "지금 이희안은 유일로 천거되어 일어났다가 관직을 버린 것인데, 갑자기 엄한 법으로써 속박한다면 조정에서 선비를 대우하는 예를 상하게 할까 두렵습니다."라고 하여, 관직을 폐하는 것으로 마무리되었다.

이후 군자감 판관 등의 관직이 제수되었으나 나아가지 않았고, 남명 등 학자들과 교유하며 학문연구에 전념하였다. 조식·신계성과 절친하여 '영중삼고嶺中三高'라 불리었다.

현전하는 『황강실기』는 1900년 편찬한 『합천이씨세고陜川李氏世稿』에 수록된 합본合本인데, 그나마도 황강의 자작은 비문 2편뿐이다. 그의 문인 전치원全致遠이 황강 사후에 스승의 글을 수집해 자기 집안에 보관해 오다가, 전치원의 주손胄孫 때 원고

경복궁 근정전

가 화재로 소실되었다고 한다. 현전하는 것은 이후 후손들이 『동국유선록東國儒先錄』·『갱장록羹牆錄』·『국조보감國朝寶鑑』및 여러 문집에서 황강과 관련한 글을 모아 1900년에 완성한 것이다. 따라서 두 사람의 교유는 남명의 언급을 통해 살펴 볼 수밖에 없다.

남명의 시는 대체로 두 가지로 이해할 수 있는데, 출사를 택한 벗에 대한 충고와 그리움이다. 먼저 황강은 일생 출사하지 않다가 49세 때 천거되어 고령현감에 부임하였다. 이전에도 두 번의 기회가 있었지만 나아가지 않더니, 이번에는 무슨 마음인지 출사를 결정하고 고령에 부임하였다. 남명도 함께 천거되었지만 그는 이번에도 나아가지 않았다. 그런데 그렇게 나아갔던 황강이 얼마 있지 않아 다시 돌아왔다. 분분紛紛히 좋지 않은 소문만 달고서 말이다. 남명은 그가 고향으로 돌아왔다는 소식을 듣고 다음 시를 지었다.

산해정에서 몇 번이나 꿈꾸었던가?	山海亭中夢幾回
뺨에 흰 눈 가득한 황강노인 모습을.	黃江老叟雪盈腮
반평생 금마문에 세 번 이르렀지만	半生金馬門三到
임금님은 뵙지도 못하고 돌아왔다지.	不見君王面目來

    남명과 황강이 일생 도의지교로 지낼 수 있었던 것은 무엇보다 그들이 지향하는 바가 같았기 때문일 것이다. 출사에 대한 생각 또한 같았을 것이다. 그리하여 일생 부정한 현실에 나아가지 않고 재야에서 수신과 학문에 힘쓰며 서로 깊이 교유할 수 있었던 것이다. 그랬던 벗이 세상에 대한 무언가의 기대를 갖고 나아갔다가 여의치 않아 돌아왔다. 성과 없이 빈손으로 돌아온 것이다. 그런 그에게 기롱이 섞인 듯 풍자하였다. 안 나가느니만 못한 결정이었다고.

    사실 남명은 황강의 이 점에 대해서는 그다지 달갑지 않았던 듯하다. 남명이 지은 황강의 묘갈에 의하면 "붙잡으면 주저앉기로는 유하혜柳下惠와 같았다."고 표현하였다. 묘갈이 대상인물에 대한 칭송을 전제로 하는 글이라 하더라도 이 언급은 좋게만

안연을 모신 안묘

보이지 않는다. 유하혜는 춘추시대 노나라 사람으로 세 번이나 쫓겨났는데도 다른 나라로 가지 않고 다시 벼슬하여 도道로써 임금을 도운 현명한 재상으로 알려져 있다. 그렇지만 출처에 있어 안연顔淵을 최고의 인물로 여긴 남명의 시각에서 본다면, 유하혜의 출처는 분명 비판의 대상이었다. 그러니 달라지지 않은 현실에 한 가닥 기대를 가진 채 나아갔다가 아직 때가 아님을 알고 매번 돌아오는 벗을 바라보는 남명의 마음도 편하지는 않았으리라. 그래서 남명은 황강에게 "길 가 풀은 이름 없이 죽어가고, 산의 구름은 자유롭게 피어오르네. 강은 가없는

제3장 남명의 벗들

한을 흘려보내면서, 바위와는 다투지 않는다네."[路草無名死 山雲恣意生 江流無限恨 不與石頭爭]라는 시를 보내 위로하였다. 길 가의 풀도, 산 위의 구름도, 무심히 흐르는 듯한 강물도 모두 다툼 없이 자신의 의지대로 살아간다. 세상에서 알아주지 않더라도 그 자체로써 의미를 지닌다. 출사만이 길은 아니며 우리에게는 우리만의 길이 있으니, 세상과 부딪히기보다 이를 간직하며 살아가자고 위로한다. 결국 추구하는 이상과 마음만은 자신과 별반 다르지 않기에 그 벗이 너무나 안타까웠던 것이다.

그럼에도 남명은 자신의 마음을 이해해 줄 벗으로 단연 황강을 꼽았다. 남명은 왕도정치가 실현되지 못하는 현실이기에 나아갈 수 없었음에도 결코 현실을 잊지 않고 끊임없는 관심을 기울였던 인물이다. 세상을 잊지 못하여 나라를 근심하고 백성을 불쌍히 여겼으며, 때문에 홀로 있을 적엔 눈물을 흘리기도 하였다. "달려드는 허연 머리에 근심이 뒤얽히고, 슬피 우는 백성들 풍년에도 더 굶주리네. 배에 가득 답답한 생각 적을 수 없지만, 우직한 황강 노인 그대는 응당 알리라."[侵陵白髮愁爲橫 嗚咽蒼生稔益飢 果腹噎懷書不得 黃芚老子爾能知]라는 시에서 알 수 있듯, 남명은 백성을 걱정하는 답답한 자신의 마음을 황강만은 알아주리라 믿었다. 두 사람은 달면 삼키고 쓰면 뱉는 시류의 사귐과는 차원을 넘어선 아름다운 만남을 가졌던 것이다.

17. 소 잡는 솜씨를 어찌 닭을 잡다가 상하랴
— 동주東洲 성제원成悌元

1558년 8월 15일 대보름 늦은 밤, 남명은 억수같이 쏟아지는 비를 맞으며 합천 해인사 안으로 들어서고 있었다. 며칠째 장대비가 내리는 날씨인지라 식구들이 만류했음에도 굳이 고집을 피워가며 나선 길이었다. 약속을 지켜야 했다. 작년 보은 속리산에서 벗과 한 약속을 지켜야 했다. 어떠한 난관에 봉착해도 남명은 해인사로 가야한다고 생각했고, 그도 그러리라 믿어 의심치 않았다. 해인사에 막 도착한 남명이 비를 피해 고개를 들어보니, 그가 이미 도착하여 절문 앞에서 도롱이의 빗물을 털어내고 있었다. 두 사람은 그저 말없이 바라보고 웃었다.

연암 박지원이 남긴 「해인사창수시서海印寺唱酬詩序」에 의거해 남명과 동주 성제원(1506~1559)의 만남을 시나리오로 구성해 본 것이다. 예순을 바라보는 두 남자의 가슴 뭉클한 만남이 감동적이지 않은가. 두 사람은 1557년 남명이 대곡을 찾아 보은을 내방했을 때 처음으로 만났다. 이때 동주는 보은현감으로 있었다. 두 사람의 감동적인 만남은 이미 여러 글에서 소개된 바가 있지만, 여기서 또 한 번의 감동을 전하려 한다.

성운은 속리산에 은거하면서 거문고와 책으로 스스로를 즐겼다. 조식이 일찍이 그를 찾아왔는데, 공[성제원]이 마침 그 자리에 있었다. 조식과 공은 비록 초면이었지만 마치 옛 친구처럼 친하였고, 서경덕과 이지함도 동행하여 함께 며칠을 보냈다. 조식이 떠나려 할 적에 공이 미리 중도에 전별연을 베풀고 홀로 따라와서 전송하였다. 손을 잡고 눈물을 흘리며 말하기를 "그대와 나는 모두 중년의 나이로 각기 다른 지방에 살고 있으니, 다시 볼 날을 어찌 기약할 수 있겠는가?"라고 하였다.

해인사

이때 두 사람은 첫 만남이었지만 몇 날을 함께 보낸 뒤 막역한 사이가 되었다. 두 사람은 헤어짐을 너무나 아쉬워하였고, 이듬 해 추석 때 해인사에서 다시 만날 약속을 하였던 것이다. 해인사에서 1년 만에 다시 만난 그들은 밤새

시를 주고받으며 백성들의 생활에 대해 이야기를
나누었다. 그때 동주는 이미 보은현감을 그만둔 뒤
였다.

실제 두 사람은 이후 만나지 못했다. 동주가 그
이듬해 세상을 떠났기 때문이다. 단 두 번의 만남뿐
이었지만 두 사람의 만남은 후대까지 아름답고 감
동적인 이야기로 전해졌다. 200여 년이 지난 조선후
기 실학자 연암 박지원이 해인사에 전해 오는 이 두
사람의 고사를 기록한 것이다. 연암은 이 글에서
"자신들도 지금 이 자리에서 시를 짓고 있지만, 부
르지 않아도 절로 찾아오는 고을 수령들이 기생과
악공을 불러 즐기고만 있으니 백성들의 삶에 이로울
것이 없다. 그 옛날 남명과 동주가 만나 밤새 민생
에 대해 고민하던 그 아름다운 만남을 그리워하지
않을 수 없다."고 하였다. 이처럼 두 사람의 만남은
이후에도 학자들 사이에서 실추된 선비의식을 반성
케 하는 일화로 널리 일컬어졌던 것이다.

성제원의 자는 자경子敬, 호는 동주 외에 소선笑
仙이 있으며, 본관은 창녕이다. 14세 때 배움에 뜻을
두었으나, 기묘사화가 일어나자 세상을 피해 살 뜻을
품었다. 17세에 서봉西峰 유우柳藕(1473~1537)가 한훤
당寒暄堂 김굉필金宏弼의 학문을 전수 받았다는 소문
을 듣고, 그에게 가르침을 청하였다. 48세인 1553년

향연도

유일遺逸로 천거되어 보은 현감에 제수되었다.

그는 세상과 영합하여 환로에 머물기를 원치 않았으나, 그렇다고 자신이 닦아온 기량을 펼칠 기회를 놓칠 수도 없었다. 그는 "현재賢才가 한 세상을 함께 하게 된 것은 그 일이 결코 우연이 아닌데, 끝내 한 번도 시험해 보지 못한다면 그것은 운명일 수밖에 없다. 가령 화담花潭이나 남명이 일을 한다면 필시 속히 이루기는 하겠지만 그만큼 쉽게 무너질 것이요, 퇴계가 일을 한다면 필시 더디게 이루겠지만 그만큼 오래도록 지속될 수 있을 것이다. 하지만 내가 만약 일을 한다면 속히 이루면서도 오래도록 지속되게 할 수 있다."라고 할 정도로, 자신의 능력에 대해 자부하는 바가 확고하였다. 따라서 그의 출사는 당시를 출사할 만한 때로 여겼기 때문이 아니라 평생 온축해 온 자신의 능력을 발휘해 보고픈 지극히 인간적인 선택이었던 것이다.

그렇지만 사정이 여의치 않아 중도에 벼슬을 그

만두고 고향으로 돌아가는데 백성들이 길을 막고 에워싸는 바람에 되돌아 간 적이 있었고, 그가 임기를 마치고 떠나자 보은의 인사人士들이 생사당生祠堂을 세우고 그의 선정을 서술하여 책으로 엮기도 하였다. 그는 말년에 유일로 천거되기 전까지 철저하게 은거해 살았으며, 천거 이후 잠시 관직에 나가지만 이후에는 다시 은거의 삶으로 일관하였다. 우암尤庵 송시열宋時烈은 동주의 기상을 칭송하여 "그가 중종 때에 태어나지 않았다면 궁벽한 고을의 작은 선비가 되지는 않았을 것이다."라고 하여 안타까운 마음을 표현하였다.

『동주일고東洲逸稿』 사우록에는 모두 13인이 기록되어 있다. 그 가운데 동주와의 교유로 이미 잘 알려진 인물은 바로 대곡과 남명이다. 특히 대곡은 동주가 보은현감으로 있을 때 같은 지역인 속리산 보은에 퇴처해 있었다. 두 사람의 교유는 기질이나 의식 등 모든 면에서 닮은 점이 많았다.

① 성제원은 사람됨이 세상 밖에서 방랑하며 세상을 하찮게 보는 마음이 있었다. 스스로 시와 술과 노래로 홍취를 돋우었고, 가슴속은 광달曠達하여 어느 것에도 얽매이지 않았다.
② 성제원은 큰 재주가 있고 학식도 높았지만 방달放達함을 좋아하였다.
③ 공은 과거공부를 싫어하고 오로지 고도古道에 뜻을

성제원을 배향한 상현서원

두어, 정밀히 생각하고 힘써 실천하였다. 마음으로 체득하는 데에 힘썼으며 말단적인 것에 얽매이지 않았다.
④ 성제원은 기개가 있고 큰 지략을 지녔다. 경학에 통달하였으나 과거 공부를 일삼지 않았고, 술을 마시며 방탕放蕩하였다. 가끔 광기 어린 행태를 부려 세상 사람들이 '방성放成'이라 하였다.

위 인용문의 '방탕·방성·방달·광달' 등의 어휘에서도 알 수 있듯, 성제원을 상징하는 대표적 어휘는 '방放'이다. 퇴계가 황준량黃俊良에게 주는 편지에서 성제원을 '방성', 성운을 '은성隱成'으로 표현한 것으로 보아, 이는 당시 일반적으로 받아들여진 듯하다.

'방'은 '약約'의 반대어로, '검속하지 않는다'는 의미이다. 예속의 굴레에 얽매이기보다 행동과 마음을 풀어놓아 거리낌이 없다는 것이다. 위의 '광曠' 또한 '방방放'과 같은 의미로, 복잡한 현실에 구속받는 것이 아니라 도리어 자신을 텅 비워놓는 것이다. 때문에 여러 제약으로부터 자유로울 수 있고, 행동에 거침이 없을 수 있다. 성제원은 아름다운 자연을 만나면 하루 종일 돌아다녔으므로 사람들이 '유발승有髮僧'이라 불렀으며, 특히 술을 좋아하여 그를 '주광酒狂'이라 부르기도 하였다. 이처럼 현실에서 초탈한 듯한 성제원의 모습은 그가 유일로 천거되어 보은현감에 재직할 적에도 그대로 드러나, 마치 벼슬에 뜻이 없는 듯 보였다. 동주는 이처럼 자연 속에 묻혀 마치 세상과 절연한 것처럼, 주위의 시선이나 평가에는 아랑곳 않고 자신의 의지대로 거침없는 삶을 영위하였다. 그리고 이러한 삶의 방식은 대곡이나 남명 등 당시 퇴처인에게서 일정부분 공통으로 나타나는 것이었다.

조그마한 고을이라 공무도 별로 없어	斗縣無公事
때때로 술 취한 세계에 들 수 있다네.	時時入醉鄕
몸 전체로 보지 않는 소 잡는 칼 솜씨를	目牛無全刃
어찌 닭을 잡다가 상할 필요 있겠는가?	焉用割鷄傷

제3장 남명의 벗들

이 시는 남명이 동주를 두고 읊은 「증성동주贈成東洲」이다. 『동주일고』에는 남명에게 전하는 글이 한 편도 없으며, 『남명집』에는 바로 이 1수만 전한다. 포정庖丁은 소를 잡는 솜씨가 아주 뛰어났던 고대의 이름난 요리사이다. 그는 소를 잡을 때 몸 전체를 보지 않고, 살과 뼈 사이의 틈새를 따라 칼질을 하였기 때문에, 19년이 지났는데도 칼날이 방금 숫돌에 간 것과 같았다고 한다. 남명과 동주는 1552년 이희안李希顏과 함께 유일로 천거되어, 이듬해 동주는 보은현감으로 부임하였고, 남명은 누차 관직이 내렸음에도 나아가지 않았다. 남명은 동주가 나라를 총체적으로 경영할 만한 자질과 능력을 온축하고 있음에도 보은이라는 작은 고을의 현감으로 있는 것을 안타까워하고 있다. 이는 동주가 인재를 제대로 예우하지 못하는 현실에 나아가 상처받을 것을 염려하고, 그래서 동주에게 차라리 그만두기를 바라는 남명의 마음을 나타내고 있다.

  인재는 인재를 알아본다고 했던가. 남명과 동주는 한 번의 만남에도 일생 서로가 그리워하고 외경畏敬할 수 있는 사귐을 이루었다. 마냥 부럽기만 하다.

18. 아들을 보면 그 아비를 알 수 있으리니
— 칠봉七峰 김희삼金希參

김희삼(1507~1560)의 자는 사로師魯, 본관은 의성이며, 칠봉은 그의 호이다. 김우홍金宇弘·김우굉金宇宏·김우용金宇容·김우옹金宇顒 4형제의 부친으로 잘 알려져 있다. 네 아들은 모두 남명의 문인이며, 특히 김우옹은 남명의 외손서이다. 1563년 김우옹이 처음 남명을 찾아오니, 남명이 차고 있던 성성자惺惺子를 풀어주었다는 것은 널리 알려진 일화이다. 그만큼 남명이 믿어 의심치 않았고, 또 그 신뢰를 저버리지 않았던 인물이다. 그 사람을 제대로 이해하려면 그의 벗을 살피라 했던가. 아들을 보면 그 아비 또한 알 수 있으리니, 네 아들의 반듯한 성장에는 그 아비의 남다른 가르침과 정성이 있었으리라.

칠봉은 어려서 사촌沙村 배이장裵以張에게 글을 배웠으며, 조금 성장한 뒤에는 이광李光과 송희규宋希

성성자

奎에게 수학하였다. 진락당眞樂堂 김취성金就成에게
도 배웠는데, 그는 송당松堂 박영朴英의 제자이다.
25세인 1531년 생원시에 합격하였고, 1540년 문과
에 급제하였다. 이때 시험관이었던 김안국金安國이
그의 답안을 보고서 "반드시 선비일 것이다."라고
하였으며, 힘써 천거하여 승문원에 들어가게 하였
다. 이후 김인후金麟厚와 함께 승문원 정자가 되어
도의로 깊이 사귀었다.

  1545년 을사사화 이후 세도가 더욱 위태로워지
자 두문불출하며 자신을 드러내려 하지 않았다. 사
간원 정언으로 있을 때 진복창陳復昌의 비위를 거슬
러 고산찰방高山察訪으로 쫓겨났다. 그러나 오래지
않아 조정으로 돌아가 삼사三司와 이조·병조의 낭
관을 지냈다. 그러나 병 때문에 사직하기를 여러 차
례 청하여 오래 있으려 하지 않았다.

  1551년 경차관敬差官으로 경상우도를 순찰할 때
삼가현三嘉縣에 이르러 계부당鷄伏堂으로 남명을
방문하였다. 남명이 그가 고향으로 돌아갈 뜻이 있
음을 알고 일찍 결정하기를 권하였다.

  이후 사옹원 정司饔院正에 제수되자, 병을 핑계
로 외직을 구하여 삼척부사三陟府使에 제수되었다.
그곳에서 선정을 베풀어 백치白雉와 기맥岐麥의 상
서로운 징조가 있었다. 백치는 상서로운 새인 흰 꿩

을 말하며, 기맥은 한 줄기에 2개 이상의 보리이삭이 나오는 것을 일컫는데, 모두 상서로운 조짐으로 알려져 있다. 이에 어사가 장계를 올려 통정대부로 승차하였다. 1560년 9월 8일 세상을 떠나니, 향년 54세였다. 둘째 아들 김우굉과 막내아들 김우옹의 공적으로 가선대부 이조참판에 추증되었다.

그의 호가 '칠봉'인 것에 대해서는 두 가지 설이 있는데, 칠봉산 밑에 살고 있어 이를 자호했다는 설이 그 하나이다. 어느 날 임금이 신하들에게 각자의 소원을 물었는데, 칠봉만 가만히 있었다. 임금이 재차 묻자 일어나 말하기를 "소신의 집은 성산에 있는데 일곱 봉우리가 앞뒤로 둘러싸고 있으며, 앞에는 작은 시내가 있습니다. 저는 물러나 칠봉산 아래에서 나물 캐고 물고기 낚으며 일생을 마치기를 원합니다."라고 하니, 임금이 "그대에게 칠봉七峰을 하사하니 거기서 살도록 하라."라고 하여, 호를 하사받았다는 것이 두 번째 설이다.

현전하는 그의 문집인 『칠봉일집』은 1804년 칠봉의 8대손 김한동金翰東이 간행한 것이다. 이 문집에는 부賦·편지 및 지문誌文이 각 1편, 그리고 시 9수가 자작의 전부이다. 대체로 그와 관련한 부록문자 뿐인데, 그 중에서도 관직생활 중의 청빈함을 특히 주목해 볼 필요가 있다. 두어 가지만 소개해 본다.

제3장 남명의 벗들

『동강집』 책판

삼척부사로 부임할 적에 타고 간 말이 임기 중에 새끼 두 마리를 낳았는데, 돌아올 적에는 삼척에서 생산한 물건이라 하여 두고 왔다고 한다. 삼척부사의 임기를 마치고 돌아갈 적에 짐이라고는 달랑 다 떨어진 대나무 상자 하나뿐이었다. 노비가 관아에서 쓰던 쇠갈고리를 자루는 빼고 그 상자 속에 넣어가지고 왔다. 길을 오르내릴 적마다 상자 속에서 덜거덕 소리가 나자, 마부가 "이 상자 속에는 무슨 물건이 들었기에 덜거덕거리는가?"라고 물었다. 노비가 싣고 가는 물건이 없음을 부끄럽게 여겨 "너는 이 속에 어떤 귀한 물건이 있는 줄 아느냐?"라고 하였다. 지금까지도 이 노비의 말이 우스갯소리로 전해진다고 한다.

재상어사災祥御史로서 순시할 적에 타고 다니는 말의 안장이 매우 낡았다. 한 고을에 이르러 수행하는 노비가 수령에게 부탁해 새 것으로 교체하였다. 처음에는 그 사실을 몰랐다가 도중에 알고서 노비를 나무라며 곧장 그 고을 수령에게 돌려주게 하였다. 그리고는 산의 칡넝쿨을 뜯어다 말안장에 얽어

매고 갔다고 한다.

　칠봉은 1636년 간행된 『산해사우연원록』에도 실려 있는 남명의 벗이니, 그것만으로도 생전에 두 사람의 교유를 짐작할 수 있다. 칠봉이 남명에게 전한 기록은 현재로서는 찾기가 쉽지 않다. 다만 그의 아들 김우옹이 쓴 『남명언행록』에 의하면, 부친이 사명을 받들고 영남으로 내려왔을 때 삼가 토동兎洞으로 남명을 찾아가 준 시에 "고인이 정좌靜坐를 좋아했는데, 오늘 저 분에게서 보는구나."라고 했다는 기록이 보이는 정도이다.

　현전하는 『남명집』에는 남명이 칠봉을 두고 읊은 시가 모두 5편 전하는데, 그 중 2편은 일시逸詩이고 나머지 3편은 만시輓詩이다. 그 외에도 칠봉의 시집 간 딸이 모친상을 당해 애통해 하다가 그 슬픔을 이기지 못하고 세상을 떠나자, 남명이 써 준 묘지명이 전한다. 그의 네 아들을 모두 남명의 문하에서 배우게 할 정도였다면 두 사람의 교감은 분명 남다른 데가 있었을 것이다. 그런데도 이의 세세함을 느낄 수 없어 안타까울 뿐이다.

제3장 남명의 벗들

19. 집을 이웃하여 살고 싶었던 벗
― 구암龜巖 이정李楨

백아절현伯牙絶絃, 관포지교管鮑之交, 수어지교水魚之交, 금란지교金蘭之交 등의 고사성어는 그 내용을 구구절절 소개하지 않더라도 그 주제가 변치 않은 우정임을 알 것이다. 본 책의 서두에서 언급했던 관기觀機와 도성道成의 우정 또한 이에 못하지는 않을 것이다. 수천 년이 지났건만 이들 고사 속의 우정이 지금까지도 사람들의 입에 오르내리는 것은 그만큼 벗 사이의 돈독한 관계를 지속하기가 어렵다는 반증일 것이다.

인간은 사람 사이의 얽히고설킨 관계 속에서 살아가는 감정의 동물이기에, 그 속에서의 마찰을 피할 수 없는 존재이다. 그러기에 그런 마찰을 모두 비켜가고 때로는 포용하면서 그 관계를 지속할 수 있다면 길이길이 칭송받아 마땅할 것이다. 그런데 이러한 인간사의 갈등과 마찰은 성현들도 예외가 아니었나 보다. 남명의 수많은 벗 가운데 유독 구암과의 교유에서 새삼 안타까움과 함께 인간적인 면모를 느끼는 것은 왜일까.

이정(1512~1571)의 자는 강이剛而, 본관은 사천泗

구암마을 전경

川이며, 구암은 그의 호이다. 경상남도 사천시 구암리에서 태어났다. 23세 때 사천에 귀양 와 있던 규암圭菴 송인수宋麟壽에게 나아가 배웠으며, 후에는 이황에게 수학하였다. 규암은 남명과 절친한 벗이었다. 남명의 모친이 세상을 떠나자 묘갈명을 지었으며, 남명이 과거공부를 접고 위기지학에 전념하자 이를 축하하고 격려하기 위해 『대학』을 보내줬던 바로 그 벗이다. 구암이 이처럼 남명과 절친한 벗에게 수학했다면 일찍부터 남명의 학문에 대해 접했을 가능성도 배제할 수 없다.

 구암이 퇴계를 만나 문인이 된 것은 영천군수榮川郡守로 부임했다가 도산으로 찾아가 질정하면서이다. 구암이 영천군수로 재임한 것은 1541년부터 5

년간인데, 그중 퇴계는 1543년 겨울과 그 이듬해 봄까지 도산에 내려와 있었으므로, 구암이 찾아가 집지執贄한 것은 이쯤일 것이다. 이 시기는 길지 않은 만남인지라 그리 절친하지 못했는데, 8년이 지난 1552년 구암은 성균관 사성으로 승차하고 마침 퇴계가 성균관 대사성으로 같이 근무하게 되면서 급속도로 친밀해졌다. 이후 두 사람은 편지를 주고받으며 교유하였고, 특히 퇴계가 구암에게 준 편지가 103통이나 되니, 구암에 대한 퇴계의 마음을 충분히 엿볼 수 있겠다.

구암의 생애에 있어 또 한 사람의 중요한 인물이 바로 남명이다. 그들 만남의 시작은 자세히 알 수 없으나, 현전하는 기록은 주로 만년에 치우쳐 있다. 두 사람은 1558년 두류산 유람에도 함께 했는데, 삼가 계부당鷄伏堂에서 출발한 남명은 도중에 구암의 집에서 하룻밤 묵었다. 구암은 이때 칼국수・단술・생선회와 여러 종류의 떡으로 극진히 대접했다.

1561년에는 남명이 구암의 선친인 이담李湛의 신도비명을 지었다. 그 이듬해 구암이 경주부윤으로 재임 시 두 사람은 단속사에서 회합하였고, 경주부윤의 임기를 마치자 덕산으로 남명을 찾아가 함께 강론하였다. 1565년 구암이 순천부사로 재직 시

『경현록景賢錄』을 간행할 때 그의 부탁으로 남명이 「서경현록후書景賢錄後」를 지었다. 그리고 단속사에서 다시 회합하였다. 이러한 기록의 편린만으로도 두 사람의 교유가 단순한 종유가 아니었음을 쉬이 짐작할 수 있다.

그러나 이런 것들은 사실을 기록한 단편적 서술일 뿐, 그들 교유와 관련하여 세세한 기록을 찾기란 쉽지 않다. 아마도 만년에 남명이 구암과 절교한 뒤 두 집안의 후손들이 이에 대한 언급을 회피하고자

구암 부친의 묘소와 신도비

제3장 남명의 벗들

문집에 실지 않았기 때문일 것이다.

최근 구암과 관련한 연구가 그의 고향인 사천문화원을 중심으로 활발하지는 않지만 꾸준히 진행되고 있다. 일명 진주음부옥晉州淫婦獄 사건. 특히 남명과 구암과의 교유와 관련해서는 절대 간과해서는 안 되는 사건이다. 두 사람과 관련한 그간의 연구도 대부분 이 사건에 천착하여 이루어졌다. 이 옥사에 대해 들어보지 못한 독자들을 위해, 그리고 두 사람 교유에 있어 중요한 사건인 만큼 간략하게 소개한다.

하종악河宗嶽의 후처後妻가 음행을 저질렀다는 추문이 있었다. 하종악은 남명의 형인 조랍曺柆의 딸과 혼인하였는데, 남명의 질녀는 딸 하나를 낳고 죽었다. 이후 하종악이 후처를 들였고, 하종악이 세상을 떠나자 그 후처가 여종의 남편 등과 음행을 저질렀다는 것이다. 남명은 그 진상을 나름대로 판단하여 관아에 고발했는데, 구암의 첩이 그 후처와 인척 관계에 있는지라 구암이 이를 위해 세 차례나 말을 바꿔가며 변론하였다. 결국 그 후처는 무혐의 처리되었다. 남명의 제자들이 그 후처와 사내의 집을 부숴버리고 이들을 마을에서 내쫓는 훼가출향毀家黜鄉을 감행하였다. 문제가 전국적인 사건으로 커져버리고 또 여론이 좋지 못하게 되자, 남명은 구암이 번복한 변론이 자신의 명예에 오점을 남겼다고 생각

이정을 종사한 구계서원

하였고, 결국 구암과 절교를 선언하기에 이르렀다. 그리고 구암이 번복한 말을 낱낱이 공개하고, 그 과정에서 하종악의 후처로부터 논과 밭을 뇌물로 받았다고 폭로하였다. 결국 이 사건으로 두 사람 사이는 물론 두 문인 간의 단절까지 초래하게 되었다.

사건의 전말을 이처럼 간략하게 설명하는 것이 당시의 험악한 분위기를 전달하기에는 역부족임을 잘 알고 있다. 사실 이 일은 『선조수정실록』에서 다룰 만큼 온 나라를 떠들썩하게 한 희대의 사건이었고, 후대까지도 학자들의 입에 오르내려 이익李瀷의 『성호사설星湖僿說』에도 실려 있다. 이 사건 이후 두 사람의 교유를 인정하지 않으려는 방향으로 전

제3장 남명의 벗들

개되었고, 그들의 실제 절친했던 교유에 비해 남은 자료가 빈약하게 된 원인이 되기도 하였다.

그러나 이 일은 두 사람의 일생 중 극히 만년인 1568년에 일어났으며, 두 사람이 세상을 뜨기 불과 3~4년 전이었다. 이 사건이 있기 전까지 두 사람은 집을 이웃하여 살자고 약조할 만큼 더없이 절친한 사이였다.[『남명편년南冥編年』1563년 2월조] 그리고 남명의 정신세계를 단적으로 드러낸 것이 「신명사도神明舍圖」와 「신명사도명神明舍圖銘」이라 한다면, 구암은 마치 약속이라도 한 듯 「신명사부神明舍賦」를 지었다. 이는 명칭이나 내용이 유사할 뿐 아니라 남명 사상의 핵심이라 할 경의敬義를 자기화하려는 구암의 의지를 드러낸 작품이다. 그 외에도 세상을 뜨기 3년 전인 1568년 구암은 홍문관 부제학에 임명되었으나 나아가지 않고 고향에 구암정사龜巖精舍를 지어 후학을 양성하였는데, 이때 동재東齋를

거경재와 명의재

'거경居敬', 서재西齋를 '명의明義'라 이름한 것 등이 남명과의 깊은 교분을 알게 해 준다.

물론 일생 대쪽같이 살아 온 남명으로서는 이러한 오점을 남기게 된 것에 못내 분개하고 후회했으리라 생각된다. 그러나 그렇게 절친했던 벗 사이가 정작 당사자 간의 갈등도 아닌 타자他者와의 문제로 절교까지 했다는 사실이 못내 아쉽기도 하다. 그러나 그 안타까움이 정작 두 사람만 하였으랴.

20. 토정과 고청, 두 사람이 들렀다 간 모양이군 ─ 토정土亭 이지함李之菡

동네 한 아이가 토정의 집 배나무에 배를 따먹으러 올라갔다가 토정이 나오는 것을 보고 놀라서 떨어져 죽었다. 토정은 그 재앙이 자기의 5세손에게 미칠 것을 예견하고, 글을 써서 봉한 다음 훗날 부득이한 일이 생기면 나라에 올리라고 하였다. 그 후 토정의 5세손이 국법을 어겨 형벌을 받게 되자, 토정이 남긴 글을 관찰사에게 바쳤다. 토정의 글을 앉아서 받을 수 없다고 생각한 관찰사가 글을 직접 받으러 동헌 마당으로 내려서는 순간 동헌의 대들보가 내려앉아 관찰사는 죽음을 모면했다. 유서에는 "내가 그대를 살렸으니, 그대도 나의 5세손을 살려주기 바란다."는 내용이 적혀 있었다.

황당한 이야기로 들리시는가. 토정 이지함(1517~1578)은 16세기 조선시대를 대표할 만한 학자이자 사상가였는데도, 후대의 평가는 위의 이야기처럼 기인奇人적인 면만을 강조한 야사류野史類에서 많이 다뤄지고 있다. 일부지역이 함몰되거나 해일이 일어 물난리가 날 것을 미리 알고서 사람들을 피신시켰다거나, 배를 타고 가기로 했던 토정이 그 배가 전복될 것을 미리 알고 타지 않았다는 등 그와 관련한 야사류 기록은 백여 가지가 족히 넘는다. 이렇듯 토정이 예언이나 신술神術 등의 이야기에 주인공으로 등장하게 된 것은 아마도 그의 저작으로 널리 알려진 『토정비결』 때문이라 생각된다.

사실 이 책의 저자에 대해서는 그의 자작이라는 설과 잡술에 능한 어떤 이가 그의 호를 가탁하였다는 두 가지 설이 함께 제기되었는데, 일반적으로는 토정의 것으로 받아들여지고 있으나 일부 학자에 의해 의혹이 제기되기도 하였다. 『토정비결』이 이지함 사후 곧바로 유

토정비결

남명과 그의 벗들

행하지 않고 19세기 후반에 와서야 유행하였다는 점 등이 후자 쪽에 힘을 실어주고 있다.

이처럼 토정 이지함은 우리에게 대중적인 친숙함으로 다가오는 듯하나, 그의 실제 모습에 대해서는 알려진 것이 별로 없다. 일부 학계에서는 그가 포천抱川과 아산牙山의 현감으로 있을 때 제시한 국부國富 증진책과 민생안정책이 당시에 비해 매우 진보적이라는 것에 주안하여 연구가 이루어지고 있다. 그는 주자성리학을 주장하는 당시의 학문과 사상 풍조에서 벗어나 폭넓은 사고를 통해 사회경제 측면에 관심을 기울였고, 이를 위해 다양한 방법과 실험으로 민생에게 수많은 실질적 혜택을 주었다는 것이 핵심 내용이다. 16세기 조선사회가 상공업이나 유통 등의 경제활동에 관심을 기울이지 않은데 비해, 탁월한 안목으로 이의 발전에 관심을 기울인 점은 주목할 만하다. 그러나 이러한 깊이 있는 학술적 연구는 다른 기회로 미루고, 여기서는 그의 기구한 삶의 역정을 중심으로 살펴보고자 한다.

이지함의 자는 형중馨仲, 본관은 한산, 시호는 문강文康이며, 토정은 그의 호이다. 그는 일생의 대부분을 지금의 서울 마포 강변에 허름한 흙집을 짓고 살았으므로, '토정'이라 자호하였다고 한다. 그의 집안은 고려 말의 성리학자인 이곡李穀과 이색李穡

마포나루

을 배출한 명문가였다. 부친 이치李穉는 1504년 갑자사화 때 폐비사건과 연루되어 진도에 유배되었다가 중종반정으로 풀려났다. 부친이 세상을 뜬 후에는 형 이지번李之蕃에게 수학하였으며, 이후 서경덕徐敬德에게 나아가 배웠다. 토정에게서 나타나는 수리數理·의학·복서卜筮·천문·지리·음양·술서術書 등 다양한 학문성향은 서경덕의 영향이라 볼 수 있다.

토정은 60여 생을 사는 동안 50세가 넘어서야 출사를 시작하는데, 그간의 삶은 불운의 연속이었다. 집안이 넉넉하지 않아 곤궁하였을 뿐만 아니라,

그에게는 세 아들이 있었는데 둘째는 호랑이에게 물려 죽었고, 셋째는 12살 때 역질로 죽었다. 그에게 닥친 이러한 엄청난 불운들은 그의 눈높이를 입신양명이 아닌 민초에게 맞추도록 만들었다.

토정은 50세가 넘도록 출사하지 않다가 1573년 뛰어난 행실로 천거되어 포천현감에 제수되었다. 이때 함께 천거된 이들 중에는 남명의 문인 최영경崔永慶과 정인홍鄭仁弘도 있었다. 토정은 부임하자마자 당시 포천의 여러 문제점과 근본적인 해결 방안을 구체적으로 제시한 「이포천시상소莅抱川時上疏」를 올려 시정해 줄 것을 청했으나 받아들여지지 않아, 곧바로 사직하고 돌아왔다.

5년 후인 62세 때 다시 천거를 받아 아산현감에 제수되었는데, 백성을 아끼는 그의 마음은 이때도 그대로 드러났다. 그는 5월에 부임하자마자 걸인청乞人廳을 만들어 노약자와 고통 받는 백성들을 구원하였다. 무엇보다 그곳 군정軍政의 폐단을 논한 글을 올렸는데, 먹고 살기도 힘든데 어쩔 수 없이 군역을 책임져야 하는 백성들의 실태를 적나라하게 지적하고 군액과 군역을 감소해야 한다는 주장이었다. 그렇지만 곧이어 토정 또한 역병으로 세상을 떠났기 때문에 그가 올린 시책은 실현되지 못하였다.

토정과 남명과의 교유는 전하는 것이 많지 않으

제3장 남명의 벗들

나, 대체로 남명 벗과의 사귐을 통해 살펴볼 수 있다. 두어 가지만 소개해 본다.

① 언젠가 남명은 속리산에 은거하고 있던 대곡 성운을 찾은 적이 있다. 이때 동주 성제원이 보은현감으로 있었는데, 두 사람은 이때 처음으로 만났다. 그런데 그때 마침 서경덕이 토정과 함께 성제원을 찾아 보은으로 와, 넷 사람은 침상을 맞대고 몇 날을 함께 보냈다. 이때 재상으로 있던 이준경李浚慶이 소문을 듣고 "응당 하늘에 덕성德星이 나타났을 것이다."라고 하였다. : 성제원, 「연보」
② 토정이 남쪽 지방을 유람하다가 진주에 사는 정두鄭斗라는 사람을 만났는데, 이때 그곳에 은거하고 있던 남명을 찾았다고 한다. : 허목許穆, 『기언記言』
③ 서기徐起가 그의 스승인 토정과 함께 남명의 집을 방문하였다. 마침 남명이 잠시 자리를 비우고 없었는데, 남명의 안석과 자리를 보니 깔끔하면서도 화려한 것이었다. 두 사람은 은근히 이것이 맘에 들지 않아 진흙 묻은 신발로 밟아버렸다. 조소와 책망의 뜻을 비친 것이었다. 잠시 후 집에 돌아온 남명이 그것을 보고 웃으며 말하기를 "이토정과 서고청 두 사람이 들렀다 간 모양이로군."라고 하였다. :
윤봉구尹鳳九, 서기徐起의 행장

사실 확인 차원에서 살펴본다면 위 세 기록 가운데 ①은 이치상 맞지 않다. 성제원이 보은현감에 임명된 것은 1553년이고 서경덕은 1546년에 세상을 떠났으니, 그들의 만남은 이루어졌을 리 만무하다. ②와 ③의 경우도 신빙할 수는 없다. 그러나 이러한 기록들은 사실 여부를 떠나 당대는 물론 이후에도 학덕을 지닌 처사들의 교유를 상징하는 대표적 일화로 알려져 있다.

한 사람은 저 멀리 남쪽 지리산에서, 또 한 사람은 서울에서, 각지에서 한 모퉁이를 차지하여 살아가던 벗들이 부르지 않아도 절로 모여 들었다. 물리적 거리가 문제겠는가. 눈으로 보지 않아도 벗의 진솔한 마음을 느낄 수 있으니, 그것으로 족한 게지. 무얼 더 바라랴.

21. 구차스레 녹봉만 타먹는다는 비난을 면치 못할 것입니다 — 옥계玉溪 노진盧禛

망년지우忘年之友란 말이 있다. 나이를 잊은 벗을 가리킨다. 나이차에 상관없이 깊은 정신적 교감을 통해 허물없는 사이를 일컫는 말로, 이를 좀 더 확대한다면 당대의 실존인물이 아니라 고전 속의 옛 사람도 시대를 거슬러 올라 책을 통해 벗하는 '상우尙友'까지 포괄하는 의미이다. 그러나 당대의 대학자와 젊은 학인學人이 사제師弟 간이 아니라 진정한 망년지교를 맺었다면, 이런 만남이야말로 진정한 벗 사귐이 아니었을까. 남명과 옥계의 사귐이 바로 그러한 경우인데, 그것이 정말 가능했을까.

　노진(1518~1578)의 자는 자응子膺, 본관은 풍천, 시호는 문효文孝이며, 그의 호는 옥계 외에 칙암則庵·양휴당養休堂이 있다. 경상남도 함양 출신인데, 함양은 풍천 노씨의 세거지이다. 9세 때 집안의 형인 노정盧禎과 노상盧祥에게 수학하였다. 노상은 호가 졸재拙齋인데, 남명의 종유인이다. 15세 때 인근에서 강학하던 당곡唐谷 정희보鄭希輔에게 나아가 『대학』을 배웠는데, 이때 그의 문하에 있던 덕계德溪 오건吳健·청련靑蓮 이후백李後白·남계灆溪 임희무任希茂·개암介庵 강익姜翼 등과 두루 교유하였다.

　20세 때 생원시에 합격하고 그 이듬해 성균관에 유학하였는데, 이때 김인후金麟厚와 홍인우洪仁祐 등과 친하게 지냈다. 29세인 1546년 자부姊夫인 신잠申潛이 현감으로 있던 태인泰仁에 갔다가 모친의 권고로 그 곳에서 과거시험에 응시하여 합격하였는데, 이로부터 61세로 세상을 떠날 때까지 관직에 종사하였다. 그 사이 병환이나 노모 봉양을 이유로 수차례의 사직과 출사를 반복하기도 했지만, 옥계는 승문원 부정자를 시작으로 예조좌랑·사헌부 장령·

이조판서 등 일생을 주로 환로에서 활약하였다.

출사를 어느 누구보다 바라면서도 당시의 출사를 꺼렸던 남명은 이러한 옥계의 출사를 어떻게 생각했을까.『남명집』에는 옥계에게 준 1통의 짧은 편지가 전하는데, 마침 이에 대한 남명의 진솔한 심정이 담겨 있어 주목된다. 남명은 자신 또한 여러 차례 천거를 받았으니 대궐에 나아가 사은謝恩하는 것이 예이겠지만 그럴 수 없음을 언급한 뒤, "영공께서는 아침저녁으로 조정에 들어가시는데, 만약 성현의 도를 시행하지도 못하면서 오래 머물며 물러나지 않으신다면, 또한 구차스레 녹봉만 타먹는다는 비난을 면치 못할 것입니다."라는 말로 끝맺고 있다. 위태로이 환로에 서 있는 벗을 걱정하는 마음과 하루빨리 털어내고 물러날 것을 권하는 안타까움이 함께 묻어나는 글이다. 에둘러 말할 줄 모르지만, 그 속에 진솔한 마음을 담아내는 이런 글귀에서 남명의 진면목을 보는 듯하다.

옥계는 영호남의 학자들을 두류 교유한 인물로 알려져 있다. 영남의 학자라면 주로 남명을 비롯한 그의 종유인과 문인들을 일컫는 것이고, 호남의 학자는 옥계가 남원부사와 담양부사로 있을 때 교유한 호남의 학자들을 들 수 있다. 남명의 벗인 일재一齋 이항李恒과의 만남도 이때 시작되었으며, 이 외에 유희춘柳希春·박순朴淳·기대승奇大升 등과도 교유하였는데, 이들 5인을 '호남오현湖南五賢'이라 일컫기도 한다.

실제로 옥계는 5년 뒤인 1567년 전주부윤으로 부임하여 호남 학자들과 많은 친분을 쌓았는데, 이 때 처가의 영향도 일정부분 작용하였다. 그의 부인은 남원에 기반을 둔 기묘명현己卯明賢의 한 사람인 안처순安處順의 딸이다. 지금도 전라북도 남원시 창

창주서원

남명과 그의 벗들

주서원滄洲書院에는 옥계의 위폐가 모셔져 있으며, 남원시 주천면 종가에는 별묘를 모시고 있다. 그러나 옥계의 학문적 기반이나 주된 활동지가 함양이었음은 부인할 수 없는 사실이다.

남명과의 교유는 어떠했을까. 신빙할 만한 기록으로는 두 가지가 전한다. 개암 강익의 『개암집』에 의하면 옥계의 나이 34세 때인 1551년, 당시 옥계는 지례현감知禮縣監으로 재직하고 있었다. 그때 남명

화림계곡

이 화림동花林洞으로 놀러 왔다가 개암을 비롯해 옥계와 덕계 오건이 함께 했다고 한다. 다른 하나는 옥계가 47세 되던 1563년 진주목사로 부임하는데, 그 이듬해 덕산에 있는 남명을 찾아 학문을 담론했으며, 만년에는 퇴계에게도 서신을 보내 질정하였다고 한다.

남명이 화림동을 유람할 때 개암이 지은 「남명선생을 모시고 옥계 노진과 함께 화림동에서 노닐다」[陪南冥先生與盧玉溪子膺遊花林洞]라는 시에 "남명선생이 옥계를 데리고, 우리까지 부르러 오셨네." [南冥攜玉溪 喚起及吾儕]라고 한 것을 보면, 이 만남 이전부터 남명과 옥계는 왕래가 있었던 것으로 보인다. 더구나 덕계와 옥계는 정희보 문하의 동문으로 특히 절친했으니, 두 사람이 함께 남명의 문하에 드나들었을 가능성은 충분하다. 다만 그 시기에 대해서는 확언할 수가 없다. 옥계의 행장에는 젊었을 때부터 남명에게 나아가 배우고 남명의 고상한 풍취에 탄복하였다고만 전하며, 『덕천사우연원록』의 옥계 관련 기록에서는 남명이 지곡사智谷寺에서 강론을 마치면 각재覺齋 하항河沆 등과 함께 함양에 있는 옥계를 방문하여 강론한 적이 많았다고 되어 있어, 그들의 만남이 잦았음을 유추해 볼 뿐이다.

옥계와 남명은 18년의 나이 차가 있다. 남명의

종유인 중 이만한 나이 차의 벗이 또 있지만, 옥계는 다른 경우인 듯하다. 물론 『산해사우연원록』이나 『덕천사우연원록』에는 그를 종유인으로 분류하였다. 그를 남명의 종유인이라 범범하게 표현한다면

지곡사지

반론의 여지가 없다. 두 사람은 딱히 사제 간이라 하기에도, 그렇다고 벗이라 하기에도 어울리지 않는 애매모호함이 있다. 옥계는 남명을 찾아 질정하였고, 남명의 문인들과도 막역한 사이였다. 옥계와 절친했던 강익·오건 등이 모두 남명의 문하생인데, 왜 유독 옥계만을 종유인으로 허여했을까.

옥계를 당대 망년지우로 허여했던 사람으로는 동향의 선배 학자인 갈천葛川 임훈林薰도 그 중 한 사람이다. 임훈 역시 옥계와 18년의 나이 차가 있다. 옥계 사후 갈천이 지은 행장에 의하면, 당대에 옥계를 망년지우로 인정했던 이는 남명·퇴계·일재 그리고 자신이었다고 한다. 이들 네 사람은 모두

남명의 벗이며, 옥계와는 스물 살 가까운 나이차가 있다. 한 사람도 아니고 당대 영호남의 석학들이 모두 벗으로 인정했다면, 그는 진정한 망년지우임에 틀림없었으리라.

22. 이 사람, 만나보니 벌써 흰 머리일세
― 계당溪堂 최흥림崔興霖

고향인 삼가 뇌룡정雷龍亭에 침잠해 있던 남명은 어느 날 문득 벗이 보고픈 마음에 먼 길을 잡고 떠났다. 그때 남명은 이미 머리끝에 하얀 눈이 소복이 내린 57세의 노인네였다. 남명은 어릴 적 벗이자 평생의 심우心友였던 대곡 성운을 찾아 충청도 보은의 종곡鍾谷으로 길을 잡았다. 아마 몇 날은 걸리리라. 그러나 벗을 만난다는 설레는 맘 때문인지 발걸음은 힘겨운 줄 몰랐다. 얼마만의 만남인가. 이들은 속리산 주변 명승지를 유람하고 시사時事를 논하면서 꿈같은 몇 날을 보냈다.

남명은 이 걸음에 새로운 벗 둘을 만나는데, 당시 보은현감으로 있던 동주 성제원과의 첫 만남은 이미 소개한 바 있다. 또 한 사람의 새로운 벗이 바로 계당 최흥림(1506~1581)이다. 남명이 계당을 만나

지었을 것으로 추정되는 「화상현좌和上賢佐」라는 시에서 "이 사람 만나보니 벌써 흰 머리일세."[之子相逢已白頭]라고 말했던 것처럼, 두 사람의 만남은 만년에 이루어졌고 이후 다시 만났다는 기록은 보이지 않는다. 그래서인가. 남명의 여러 종유인 가운데 문집이 전하는 이들 중 최흥림은 그다지 알려지지 않은 인물이다.

최흥림의 자는 현좌賢佐, 본관은 화순이며, 계당은 그의 호이다. 애초에 출사보다는 위기지학에 뜻

산천재에서 본 덕산과 지리산

제3장 남명의 벗들

을 두고서 재종질 수우당守愚堂 최영경崔永慶과 함께 학문을 강마하였다. 주지하듯 수우당은 남명이 덕산으로 들어가 만년을 보내던 1565년 한양에서 폐백을 들고 남명을 찾아와 가르침을 청한 인물이다. 한양에서 대학자를 찾아 지방인 덕산으로 유학을 온, 당시로는 특이한 경우였다. 이후 수우당은 한양에서의 생활을 아예 청산하고 진주로 거주지를 옮겨 와 살았으며, 남명 사후 덕천서원을 창건하는 등 고제高弟로서의 역할을 담당하였다. 당시 남명의 명성이 전국적으로 퍼져 있었다 하더라도 수우당이 한양에서 진주로 남명을 찾아 올 수 있었던 데에는 계당의 영향이 있었을 것으로 짐작된다.

계당은 을사사화가 일어나자 한양에서 온 가족을 이끌고 보은의 금적산金積山에 은거하였다. 그곳에서 경전과 성리서에 전념하였으며, 제자 양성에도 힘을 기울였고, 당대의 명유名儒나 은일隱逸들과도 교제하였다. 그 대표적 인물이 보은의 종곡에 살았던 대곡 성운, 보은현감으로 있던 동주 성제원, 그리고 지리산에서 이들을 방문한 남명이었다. 이들은 어울려 시를 주고받았고 경전을 강론하는 등 도의지교를 맺었다.

그의 문집『계당유고』는 1804년 그의 11대손 최학수崔學洙에 의해 간행되었는데, 문집에 실린 몇

금적산

안 되는 시의 대부분이 이때 지어진 것이며, 당시 남명 등 세 사람이 계당과 수창했던 시들을 모두 찾아 실어놓았다. 그 외 문집의 내용은 부록문자가 전부인데, 이 또한 이들 네 사람의 만남으로 채우고 있다. 계당의 두 아들 최지원崔知遠과 최명원崔明遠은 성운의 문인이다.

23. 참으로 내가 종유하고 싶은 사람
—병재甁齋 박하징朴河澄

박하징(1483~1566)의 자는 성천聖千, 호는 병재 외에 서암西巖이 있으며, 본관은 밀양이다. 소요당逍

遙堂 박하담朴河淡의 동생으로, 박하담은 남명의 벗으로 알려져 있다. 어려서부터 형의 가르침과 교유 속에서 성장하였는데, 형들을 따라 독서하면서 학문을 이루어나갔고, 교유 관계도 형들과 연계되는 사람이 많았다.

1515년 천거로 사간원 정언에 제수되었다. 입대하여 임금께 옛날 제왕의 도를 진술하고 마음에 품고 있던 뜻을 아뢰었다. 1519년 기묘사화가 일어나자 더욱 관직에 뜻이 없어져, 은거하여 학문에 매진할 결심을 하였다. 그리하여 청도군 북쪽 귀일곡歸一谷에 석대石臺를 쌓고 연못을 만들어 물러나 수양할 장소로 삼았다.

57세 때 모친상을 당하여 형들과 3년간 여묘살이를 하였는데, 극진한 슬픔이 한결같았으며 『주자가례』에 따라 행하였다. 60세에 부친상을 당했을 때에도 상복을 입고 예법을 행하는 것이 이와 같았다. 하늘도 감동한 병재의 효성은 이미 널리 알려져 있다.

어머니가 병이 들어 꿩고기를 먹고 싶어 하자, 엄동설한의 날씨 속에서 북쪽을 향해 하늘에 기도

운문산

하였다. 기도를 마치고 곧장 산으로 가니, 눈이 반쯤 녹아 있었다. 얼굴을 가리고 울면서 "옛날 왕상王祥은 얼음을 깨뜨려 잉어를 얻고 또 황작黃雀을 얻어 어머니께 올렸다는데, 나같이 불초한 사람이 어찌 하늘을 감동시키는 정성이 있겠는가?"라고 하자, 말이 채 끝나기도 전에 꿩이 품속으로 날아들었다. 그것을 올려 병을 낫게 하니, 사람들이 놀라 감탄하면서 효성으로 하늘을 감동시킨 것이라 하였다. 이후 서재인 수구재守口齋에서 자연을 벗하여 여생을 보냈다.

절친한 벗으로는 삼족당三足堂 김대유金大有·탄수灘叟 이연경李延慶·청송聽松 성수침成守琛 등이 있다. 그 외 문집에 실린 기록을 살펴보면 회재晦齋 이언적李彦迪이 이들 형제와 여러 번의 편지 및 선물을 주고받는 가까운 사이임을 알 수 있고, 퇴계 이황 또한 여러 번의 편지에서 밀접한 교감을 보여주고 있다. 퇴계는 "학문을 할 적에 먼저 이치를 밝혀야 합니다. 만약 글과 이치가 함께 경지에 도달하고자 한다면, 이치에 반드시 크게 도달하지 못하는 점이 있게 될 것입니다."라고 하여,

주자 자화상

문장의 표현과 내용이 모두 높은 경지에 이르러야 하지만, 이치를 밝히고 덕을 쌓아 좋은 내용을 가지면 아름다운 표현은 절로 이루어질 것이라 하였다.

남명과의 관련 기록을 살펴보자. 병재의 후손에 의해 1871년 간행된 『병재집』 초간본에는 남명과의 관련 기록이 몇 전한다. 먼저 기묘사화 이후 병재는 청도에 서실을 지어 '수구재守口齋'라 이름하였는데, 이 재명齋名뿐만 아니라 그의 호인 병재甁齋를 남명이 지어준 것이라 한다. 「수구재실기守口齋實記」에 의하면, '수구재'란 이름은 박하징의 호인 '병甁'자의 뜻에 따라 지어 준 것인데, 주자의 「경재잠敬齋箴」에서 "입을 단속하길 병마개 막듯이 한다."[守口如瓶]에서 따온 것이라 하였다. 기묘사화 이후 혼탁해진 세상에 나아가지 않고 퇴처하여 사는 병재의 삶을 상징하는 것임을 알 수 있다.

그 외에도 「문답설問答說」이라는 짧은 글 속에는 남명이 병재에 대해 "앉아 있을 때에는 흙으로 빚은 형상처럼 단정하며, 얼굴은 대궐 문에 들어가는 듯 엄숙하며, 걸어갈 적에는 귀한 손님을 맞이하는 듯 단아하며, 사람을 접대할 때에는 참으로 한결같이 온화한 기운으로

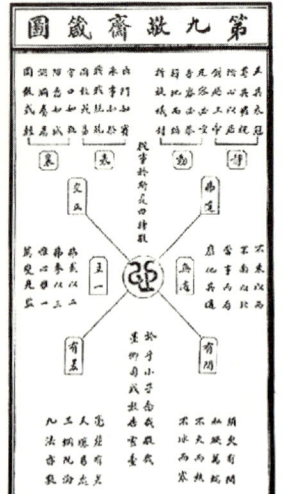

경재잠도

대한다."라고 평하였으며, 남명이 인간의 선악에 대해 문자 이에 답한 구절도 보인다. 그리고 맨 마지막에는 남명이 "병재는 참으로 내가 종유하고 싶은 사람이다."라고 했다는 기록도 보인다. 이것이 두 사람과 관련한 기록의 전부이다.

물론 호를 지어주고 재실의 이름도 지어주었다는 것이 사실이라면 두 사람의 절친한 교유를 단적으로 말해주는 일임에 분명하다. 그러나 위 내용은 의구심을 떨칠 수가 없다. 무엇보다도 17년 연하인 남명이 과연 병재란 호와 재실의 이름을 지어주었다는 것은 믿기 어렵다. 더구나 그의 맏형인 박하담의 생애에서 살펴보았듯 남명과 박하담과의 교유에 의혹이 있고 나아가 후손들의 위작이 있었다면, 병재와의 관련 사실 또한 온전히 믿을 수는 없을 듯하다.

24. 돌길이 여러 갈래로 나뉘어도 말이 절로 찾아가는구나
－사미정四美亭 문경충文敬忠

합천호가 그림처럼 펼쳐진 합천군 대병면 월여산月如山 아래 대지大枝 마을에는 날개를 펼친 듯

사미정 전경

우뚝하니 서 있는 정자가 있다. 저 멀리 황매산黃梅山이 호위하듯 굽어보고 사천㴍川이 굽이돌아 흘러가는 천혜의 조건을 지닌 곳, 그 곳에 바로 문경충(1494~1555)의 사미정四美亭이 있다.

문경충의 자는 겸부兼夫, 본관은 남평이며, 사미정은 그의 호이다. 아버지는 진사인 문규文珪인데, 이때 합천에서 삼가三嘉 병목幷木 연화동蓮花洞으로 이주하여 살았다. 5세 때 이미 글을 알아 비범함을 보였는데, 당시 현감이 찾아와 보고는 "하늘이 내린 기린아를 안아본다"[抱得天上麒麟兒]라는 시구를 남겼다고 한다.

7~8세 때에는 대나무로 만든 활과 쑥대로 만든 화살을 가지고 놀았으며, 역사서를 읽다가 영웅이 무력으로 천하를 얻는 무용담에 이르면 책을 덮고 감탄하곤 하였다. 부친이 그가 학업에 뜻이 없는 것을 보고는 등을 어루만지며 "우리 집안은 대대로 문학으로 이름이 났는데, 네가 어찌 문학에 뜻이 없고

무예에만 빠져 있느냐?"라고 하자, "아버님의 말씀이 이와 같으시니, 제가 어찌 학문을 하지 않겠습니까?"라고 하며, 곧장 산사로 들어가 독서에 열중하였다. 틈틈이 활쏘기 등 무예를 연마하기도 하여, 문무를 겸비함이 당대에 짝을 이룰 자가 없다고들 하였다.

    1510년 삼포왜란三浦倭亂이 일어나 제주도가 함락되자, 조정에서는 방어사 유담년柳聃年을 보내 평정하였다. 그 후로 임금이 나라의 무비武備를 염려하므로, 당시 재상이었던 정광필鄭光弼이 문경충에게 무략이 있다고 추천하여 특별히 무과武科를 권하였다. 1516년 변방의 변란에 대비하기 위하여 특별히 그를 구녕만호仇寧萬戶에 제수하였다. 2년간 재직하면서 독서를 게을리하지 않았으며, 노모 봉양을 이유로 체직을 요구하여 고향으로 돌아 온 이후로는 출사하지 않았다.

    1519년 기묘사화가 일어나 사림이 화를 당하는 것을 보고, 세상에 나가 벼슬할 생각을 접고는 월여산 밑 대지촌 뒤쪽에 정사를 짓고, 그 속에서 명리를 잊은 채 『심경』·『근사록』·『소학』 등을 읽었다.

    남명과의 교유에 대해서는 기록이 제법 전한다. 남명이 문경충의 정사로 자주 놀러 와 시를 주고받았는데, 서로 수창했던 시가 백여 편에 이른다고 하였다. 그러나 이후 거의 없어지고, 『사미정유집』의 60여 남짓한 시 가운데 남명과 주고받은 시는 서너 수 정도만 전한다.

    그럼에도 두 사람은 서로의 거처를 문턱이 닳도록 드나들었던 모양이다. 지역적으로 가까운 거리였으니 당연했을 법도 하다. 호음湖陰 정사룡鄭士龍(1491~1570)이 사미정에 쓴 운자에 따라 남명이 지은 세 편의 연작시 중 「무제無題」에서 "돌길이 여러 갈래로 나뉘어져도 말이 절로 아네."[石路歧深馬自知]라고 한 것으로도 충분히 엿볼 수 있다. 삼국시대 신라의 김유신金庾信이 젊어 말을 타고 천관녀의 집을 자주 들락거렸는데, 어느 날 만취하여 말 등에서 잠이 들었는데 깨어나 보니 천관녀의 집 앞이었다는 이야기를 잘 알고 있을 것이다.

    그리고 두 사람은 사미정에서 「홍범구주洪範九疇」와 『소학』 등을 강론하며 도의의 사귐을 맺었다. 남명은 일찍이 문인들에게 문경충에 대해 이르기를 "문겸부의 학문과 선견지명은 송당松堂 박영朴英 이후로 처음이다. 어찌 사문斯文의 공부가 씩씩한 무부武夫에게서 독실하게 이루어질 줄 알았겠는가? 군자다운 사람이겠는가? 군자다운 사람이니라. 또한 공부를 끊임없이 하니 성인聖人의 훈계가 이 사람에게 있지 않겠는가, 이 사람에게 있지 않겠는가?"

사미정의 남명 시

라고 칭송하였다. 주지하듯 송당 박영은 남명의 절친한 지기 중 한 사람인 일재一齋 이항李恒의 스승이다. 일재는 사미정과 마찬가지로 젊어 무예를 익히다가 40세 때 을사사화를 예견하고서 전라도 태인泰仁에 은거했는데, 이 시기 경상도 선산善山에 살던 송당을 찾아가 배웠다. 송당 또한 마찬가지로 젊어서 무예를 익히다가 한훤당寒暄堂 김굉필金宏弼의 문인 정붕鄭鵬에게 도학을 익혔던 인물이다. 두 사람은 모두 문무를 겸비했던 인물로 잘 알려져 있다. 남명은 사미정을 이들에게 비유하여 문무를 겸비한 인물로 칭송하고 있는 것이다.

무엇보다 두 사람의 깊은 교유를 짐작케 하는 것은 문경충의 정자인 사미정의 이름을 남명이 지

제3장 남명의 벗들

어주고, 절구시 한 수도 주었다는 점이다. 남명이 지어주었다는 시를 소개해 본다.

영수 천 년의 자취 전해 오더니	潁水千季迹
사천에서 네 가지 아름다움 이루었네.	舍川四美成
공은 인자와 지자의 풍모 지녔는데	公能仁智樂
바람과 달조차 다정하구나.	風月亦多情
공명과 부귀는 보잘 것 없어	功名富貴薄
돌아와 작은 집을 이루고 사네.	歸臥小窩成
강산과 달을 감추어 두고	藏得江山月
함께 우정을 펼치세.	同開故友情

『사미정유집』에 의하면 위의 남명 시는 「부남명선생증운附南冥先生贈韻」으로 되어 있다. 『남명집』은 우리나라 역사상 유례를 찾아보기 힘들 만큼 여러 차례 간행되었다. 그 이유에 대해서야 관련 논문이나 글에서 이미 밝히고 있으니, 여기서는 재론을 금하고자 한다. 그런데 남명의 위 시는 여러 차례의 『남명집』 중에서도 1894년 간행된 갑오본甲午本에 와서야 비로소 문집에 실리게 된 작품이며, 그 제목 또한 「차사미정운次四美亭韻」으로 되어 있다. 그리고 또 하나 특이한 점은 이후에도 『남명집』은 근세까지 여러 차례 교정본이 간행되었는데, 1910년에 간행된 경술본 이후로는 『남명집』에서 삭제되었다는 것이다.

현재 합천군 대병면 병목에 남아있는 사미정에는 정사룡이 지은 3수의 시와 그 시에 차운한 남명의 시 3수, 문경충이 차운한 시 3수가 판각되어 걸려 있다. 남명의 고향

사미정의 최영경 시

인 삼가 인근의 고을에 있던 사미정을 두고 읊었던 시가 이처럼 늦게 문집에 실린 이유도 알 수 없고, 또한 이후 문집에서 삭제된 것도 이해하기 어렵다. 게다가 『남명집』에는 남명이 차운한 것으로 되어 있고, 『사미정유집』에는 사미정이 차운한 것으로 되어 있다. 만약 이 시가 남명이 차운한 것이라면 남명이 사미정의 이름을 지었다는 설은 의심해 볼 여지가 있다.

사실 이에 대한 의혹은 다른 측면에서도 제기해 볼 수 있다. 『사미정유집』에는 문경충이 쓴 「사미정기四美亭記」가 실려 있는데, 객客과의 문답 형식을 통해 자신의 정자를 사미정이라 이름한 까닭을 설명하고 있다. 자신이 말한 '사미四美'는 바로 '강江·산山·바람[風]·달[月]'을 가리키며, 이 네 가지 사물의 '말 없음[無言]'을 좋아하기 때문이라 하

였다. 자신은 이 세상에서 버려야 할 한 가지 물건으로, 부모에게는 효성스럽지 못하고, 임금께 충성스럽지 못하며, 형제에겐 우애롭지 못하며, 벗에게 신의가 없어 다른 사람에게는 용납될 수가 없는 존재인데, 이러한 나를 아무 말 없이 받아주는 이 네 가지를 좋아하여 '사미'라 하였다는 것이다. 곧 '사미'는 문경충의 삶을 단적으로 표현하는 어휘로써, 사미정이란 이름 또한 자신의 의지였던 것으로 간주된다.

어찌 되었든 후학에 의해 제기된 이러한 사소한 시비 거리들이 의문으로 남아있다 하나, 이것이 두 사람의 아름다운 교유를 폄하하지는 못할 듯하다. 망망대해에 물감 한 방울 떨어뜨린다 한들 그것이 뭐에 흠이 되겠는가.

25. 분수에 편안하면 몸에 욕됨이 없으리
― 안분당安分堂 권규權逵

진주에서 출발하여 지리산으로 들어가려면 갈림길인 원지에서 왼쪽으로 빠져 조금 가다보면 한옥 마을이 나온다. 우리나라의 여러 대성大姓이 수백 년을 세거했다는 그 유명한 남사南沙 마을이다. 마

입석마을 전경

을을 지나자마자 오른쪽으로 방향을 돌리면 단속사斷俗寺 가는 길로 들어선다. 신라 때 창건된 단속사는 기나 긴 역사 속에서 화려한 광영을 누렸으나 정유재란 때 불타 없어지고, 지금은 동서로 두 기의 삼층석탑만이 외로이 그 터를 지키고 있다. 그 단속사로 가는 길목의 첫 마을이 입석立石인데, 바로 안분당 권규(1496~1548)가 일생을 소요한 곳이다. 입석에는 지금도 안분당의 유적비와 묘소, 그가 소요했던 경강정사敬岡精舍가 남아 전한다.

권규의 자는 자유子由, 본관은 안동이며, 안분당은 그의 호이다. 남명의 문인 권문현權文顯·권문저權文著·권문임權文任·권문언權文彦의 부친이다. 31세 때 남명의 부친상에 조문하였다. 두 집안의 친분

제3장 남명의 벗들

안분당 유적지

에 대해서는 상세히 기술되어 있지 않으나, 남명의 부친 조언형曺彦亨이 안분당의 조부 권금석權金錫의 묘갈명을 쓴 것으로 보아 양가는 대대로 교분이 있었다고 하겠다. 안분당은 조문하고 돌아온 후 이르기를 "조 처사曺處士의 상을 치르는 절차와 슬픔이 모두 극진하였다. 여러 의례를 참고하여 한 가지도 예의에 합치되지 않음이 없었으니, 참으로 학문의 힘은 속일 수가 없구나!"라고 하였다. 두 사람의 친분은 이때부터 시작되었다.

21세에 포은圃隱 정몽주鄭夢周의 5대손 정완鄭浣의 딸과 혼인하였는데, 32세 때 처가가 있는 산청군 단성면丹城面 원당源塘으로 이주하였다. 이후 부친의 뜻을 받들어 과거공부를 하였는데, 여러 번 향

시에 합격하여 이름이 자못 알려졌다. 그러나 이후 낙방하자 과거를 포기하고 학문에 전념하였다.

그는 "세상이 분수에 편안해하는 것과는 멀어지고 있다. 어찌 천명을 모르고 자기 분수 밖의 것에 급급해 하는가?"라 탄식하고는 원당에 집을 한 칸 지어 '안분安分'이라 편액하였다. 소옹邵雍의 「안분음安分吟」중 "분수를 편안히 하면 몸에 욕됨이 없고, 기심幾心을 알면 스스로 한가로워지니, 비록 인간 세상에 살고 있지만, 도리어 인간세상을 벗어난 것이라네."[安分身無辱 知幾心自閑 雖居人世上 却是出人間]라는 구절을 벽에 적어놓고 출입할 때마다 쳐다보며 반성하였다. 그는 소강절의 뜻을 받들어, 사람들이 천명을 알지 못하고 자기 분수 밖의 것에 힘쓰는 것을 개탄하였으며, 평생 분수에 자족하고 천명에 어긋나지 않는 삶을 살고자 노력하였다. 이때가 40세였다.

46세 때 정원에 두 그루의 홰나무[槐木]를 심어놓고 날마다 그 사이를 소요하였다. 안분당의 7대손 권길權佶이 쓴 찬贊에 의하면, 안분당이 손수 두 그루의 홰나무를 심은 뜻은 왕진공王晉公의 고사를 따른 것이라 하였다. 송나라 진국공晉國公 왕호王祜가 직언을 하다가 재상이 되지 못했는데, 뜰에 세 그루의 홰나무를 심어놓고 "내 자손 중에 반드시 삼공三

제3장 남명의 벗들

경강정사

公이 나올 것이다."라고 하였다. 그런데 과연 그렇게 되었다. 그래서 후세 사람들이 '삼괴왕씨三槐王氏'라 불렀다는 고사를 따른 것이다.

　50세 때 김해 산해정山海亭으로 남명을 찾아가 경전을 토론하였고, 돌아와 말하기를 "건중楗仲은 벽립만인壁立萬仞의 기상을 지녔으며, 함양하는 공부는 오로지 '경의敬義' 두 글자에 있으니, 진실로 바른 학문이다."라고 하였다. 그리고는 네 아들에게 모두 남명의 문하에 들어 배우도록 하였다. 안분당이 남명에 대해 지녔던 깊은 신의와 교분은 자신의 네 아들에게 모두 남명을 섬기게 한 것으로도 충분히 짐작할 수 있겠다.

　51세 때 의령宜寧 가려촌嘉麗村 처가에 와 있던

퇴계 이황을 만났는데, 이때 퇴계가 안분당의 시에 차운하여 율시를 지어 주었다. 먼저 시를 소개해 본다.

갓을 잘못 쓰고 일평생을 살다가　　　　儒冠已誤百年身
웃으며 서로 보니 귀밑머리 허영구려.　　一笑相看兩鬢銀
친밀하게 되고 보니 오래된 친구 같아　　密契旣成傾蓋舊
깊어가는 도타운 정 흰머리 근심하랴?　深情寧患白頭新
나물 캐고 낚시하며 내 분수 즐기는데　　採山釣水吾甘分
안빈낙도하며 그대도 꾸밈없이 살았구려.樂道安貧子任眞
이 강과 들 따라 이어진 십 리 길　　　　從此江郊十里路
두건에 지팡이 짚고 자주 왕래하세.　　　幅巾藜杖往來頻

이 시는, 1888년 그의 셋째 아들인 권문임의 문집과 함께 간행된 『안분당실기』에는 「퇴계선생화운退溪先生和韻」이라 실려 있고, 안분당 일족의 유문과 행적을 수록한 『화산세기花山世紀』(1935년 간행)에는 「차제안분당次題安分堂」으로 되어 있다. 안분당의 원시는 전하지 않는다. 사실 안분당의 원고는 정유재란 때 다 소실되

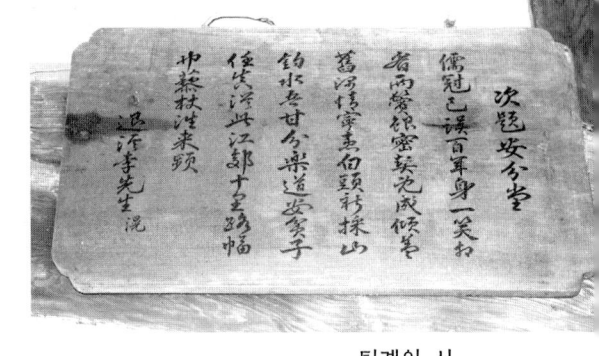

퇴계의 시

었고, 자작으로는 『화산세기』에 전하는 「안분설安分說」이 유일한데 이마저도 뒷부분이 빠져 있어 전체 내용을 알 수가 없다.

그러나 퇴계의 이 시를 살펴봄으로써 안분당의 살아온 족적을 느낄 수 있다. 더구나 이 시는 그의 만년에 주고받은 것이기에 더욱 그러하다. 퇴계는 마치 안분당이 자신의 당호에 맞게 분수에 자족하고 안빈낙도하며 살았음을 증명이라도 하듯 시로 표현하고 있다.

그리고 51세인 바로 이 해에 유행儒行으로 천거되어 참봉에 제수되었으나 나아가지 않았다. 2년 뒤인 1548년 세상을 떠나자 남명이 와서 조문하고는 직접 묘소를 정해 주었다.

실제로 안분당과 남명과의 교유는 확인할 길이 거의 없다. 안분당이 살았던 원당源塘이 남명이 만년에 살았던 덕산과 거리상 가까운 곳이기는 하나, 안분당은 남명이 덕산으로 들어오기 전인 1548년 이미 세상을 떠났다. 남명은 61세인 1561년에 덕산으로 들어왔으니, 그들의 실질적 만남은 김해 산해정이나 삼가 뇌룡정 등에서 이루어졌을 것이다.

물론 다른 가능성을 상정해 볼 수 있는데, 그 가능성의 실마리를 갖고 있는 사람이 바로 청향당淸香堂 이원李源이다. 앞서 퇴계와 남명과의 교유에서도 언급을 했듯 청향당은 단성면 배양리培養里에서 세거하였다. 안분당은 청향당과 함께 단성 인근에 있는 단속사에서 함께 『서경』을 공부하면서 돈독한 교유를 가졌다. 특히 안분당의 장남 권문현이 청향당의 딸과 혼인하여, 그와는 사돈지간이기도 하다. 사는 곳이 제 집 드

단속사 터

나들 듯 인접하였고, 청향당의 삶에서도 알 수 있듯 두 사람의 삶이 너무나 닮아 있다. 그렇다면 남명이나 퇴계와의 친분 또한 실질적 교유가 있었다 하더라도 청향당의 교량적 역할은 두 사람과의 관계를 더욱 결속시켰을 것으로 생각된다. 그러나 이는 어디까지나 그들의 아름다운 만남을 상상하고, 나아가 그러했었기를 마음으로 희망하는 것일 뿐이다.

관동마을 전경

26. 세상을 잊고 자신을 잊었건만
— 안분당安分堂 이공량李公亮

경상남도 진주시 금산면琴山面 가방리嘉坊里 관동冠洞 마을. 이곳은 예부터 선비들이 많이 배출되어 관방冠坊 또는 갓방이라 불리었다. 관방에는 전의 이씨全義李氏들이 대대로 살아왔는데, 이곳으로 남명의 누이가 시집을 갔다.

이공량(1500~1565)의 자는 인숙寅叔, 본관은 전의全義며, 안분당은 그의 호이다. 남명의 자형姉兄이며,

이준민李俊民(1524~1590)의 부친이다. 명종조에 선공감 참봉에 제수되었고, 사후 아들 이준민의 공적으로 이조판서에 추증되었다. 지금은 관동 마을에 전의 이씨들이 거의 살지 않는데, 이준민이 한양으로 이주할 때 함께 이주하였기 때문이라 전해진다. 그렇지만 지금도 이

임천서원

곳의 임천서원臨川書院에서는 이준민을 비롯한 네 분의 선현을 제향하며 그 맥을 이어가고 있다.

이공량은 남명의 자형이라는 인척 관계로 얽혀 있고, 또 비슷한 연배와 삶의 방식이 두 사람을 남다른 친밀 관계로 이끌었으리라 짐작할 수 있다. 이공량은 남명의 나이 58세인 1558년 4월, 삼가三嘉 계부당鷄伏堂에서 출발하여 15일간에 걸쳐 이뤄진 지리산 유람에 동참한 인물이기도 하다. 남명은 삼가에서 출발하여 곧바로 금산에 들러 이공량의 집에서 3일을 머물렀다.

그럼에도 두 사람의 교분을 알 수 있는 상세한 기록은 많지 않다.『남명집』에 모두 4수의 시와 기

동향마을

문이 1편 전하는 정도이다. 그 중 4수 가운데 2편은 남명의 시가 아니라는 주장도 제기되었다. 실제로 「영모당永慕堂」이란 시는 『진양지晋陽誌』와 그 아들 이준민의 문집인 『신암실기新庵實紀』에는 퇴계 이황의 시로 되어 있다. 영모당은 진주시 금산면 가방리 관동에 있던 집인데, 이공량이 자신의 부모를 추모하여 지은 것이다. 그는 본래 한양에 집이 있었으나, 만년에는 혼자 여기서 거처했다고 한다. 그런데 금산에서 그리 멀지 않은 지역인 진양군 미천면美川面 동향東向 마을에 전의 이씨全義李氏의 재실이 있는데, 그 곳에는 이 시를 퇴계의 시라 하여 걸어두고 있다.

『남명집』에는 남명이 이 영모당을 두고 읊은 기문이 실려 있어, 이공량이 어버이를 그리는 간절한 마음을 엿볼 수 있다. 4편의 시 가운데 2편과 기문 1편은 부모를 그리워하거나 생전에 어버이를 제대로 모시지 못한 데 대한 아쉬움을 나타낸 작품이다.

나머지 1수는 두 사람이 만났다 헤어짐을 슬퍼한 것인데, 바로 「송인숙送寅叔」이란 작품이다. 그런데 공교롭게도 그 장소가 바로 이공량의 부친 산소를 비롯한 전의 이씨들의 산소가 있던 동향사東向寺라 는 절이었다. 이 절은 진주시 미천면 동향 마을 뒷 산에 있었는데, 그 마을 아래에 전의 이씨들이 많이 살았다고 한다.

그리고 보면 『남명집』의 기록으로 본 이공량은 효자의 이미지만 전한다. 「영모당기」에서 남명은 그를 두고서 "우리 자형은 만년에 자취를 감추고 세상을 피하여 술에다 몸을 감추었다. … 또 천하의 만물을 마치 바람이나 구름이나 초파리처럼 하찮게 보았다. 그래서 주변 사람들도 때로는 그를 이해하지 못하였다. 이와 같다면 세상을 이미 잊었고 자신의 몸을 이미 잊은 것이건만 그래도 잊지 못하는 것

영모당기

이 있었으니, 부모에 대한 생각만은 마음속에서 떨쳐버리지 못하였다."라고 하였으니, 남명에게 이공량은 어쩌면 그런 의미였을지도 모르겠다.

27. 편지 전하기 어려워 삼년이나
소원했구려 - 월오月塢 윤규尹奎

『덕천사우연원록』에 실려 있다. 윤규(1500~?)의 자는 문로文老, 본관은 파평이며, 월오는 그의 호이다. 윤세정尹世禎의 아들이며, 경상북도 고령에 살았다. 1531년 진사가 되었다. 효성스럽고 우애가 깊었으며, 강직하여 의롭지 않은 것은 절대 취하지 않았다. 황강黃江 이희안李希顔·죽연竹淵 박윤朴潤(1517~1572)·낙천洛川 배신裵紳 등과 도의로 사귀며 서로 강론하였다. 특히 박연과의 관련 기록이 『남명집』에 전하는 것으로 보아, 두 사람의 친분이 남달랐던 듯하다. 참고로 월오는 고령군 우곡면 월오리月塢里에, 박윤은 우곡면 도진리桃津里에 살았으며, 두 마을은 그리 멀지 않은 곳에 있다. 그리고 두 사람 모두 『덕천사우연원록』에 등재된 인물로 월오는 종유록에, 박윤은 문인록에 기재되어 있다.

월오의 생애는 자세치 않다. 고령군 우곡면사무

소 홈페이지에는 관할 지역인 월오리에 대한 설명이 실려 있는데, 그곳에서 하나의 단초를 찾았다. 임진왜란이 일어나자 월오가 이곳에 피난 와서 시를 짓고 거문고를 타면서 울분을 달래다가 왜적에게 붙들려 순절하자, 마을 사람들이 달을 쳐다보고 울었으며, 그의 호를 따서 마을 이름을 '월오' 또는 '달오'라 불렀다고 한다. 그는 적어도 아흔 살 이상을 살았으며, 아흔이 넘은 나이에 월오리로 들어왔다는 것이다.

월오마을

『남명집』에는 죽연정竹淵亭에서 월오의 시운을 따라 차운한 「죽연정차문로운竹淵亭次文老韻」이란 시가 전한다. 죽연정은 박윤의 정자로, 고령군 우곡면 도진리에 있다. 그런데 남명의 그 시제 밑에는 박윤의 환갑 때 지었다는 주석이 달려 있다. 죽연은 1517년생이니 환갑이라면 이미 남명이 세상을 뜬 이후이다. 혹여 월오의 환갑 때 지은 것이 아닐까 생각되기도 한다.

제3장 남명의 벗들

또 다른 시 「죽연정증윤진사규竹淵亭贈尹進士奎」를 읽어보자. 이는 『덕천사우연원록』에도 실려 있는 시이다.

문로의 재주와 명성 천하의 최고인데	文老才名第一流
전날 잡은 터 더욱 깊고도 그윽해졌네.	從前卜築更深幽
천성이 자연을 즐겨 은거해 살았고	性耽泉石堪棲隱
몸은 관복을 싫어해 벼슬하지 않았네.	身猒簪紳不宦遊
꿈속에서 찾으려다 도중에 헤매었고	魂夢欲尋迷半路
편지 전하기 어려워 삼년이나 소원했구려.	書筒難遞隔三秋
과거시험의 묵은 빚 이제 다 내던졌건만	名場宿債今抛盡
노년의 세월 또한 멈춰 주질 않는구나.	老境光陰亦不留

남명이 죽연정에서 월오에게 준 이 시에는 그의 일생이 다 들어 있다고 해도 과언이 아니다. 그에 대한 상세한 기록이 전하지 않더라도 이 한 수의 시를 통해, 그가 재주와 명성을 떨쳤지만 일생 과거시험에 얽매이지 않고 자연에 은거하여 살았으며, 남명과는 이전부터 서신을 교환하는 등의 친분을 유지하고 있었음을 알 수 있다.

위 두 작품에서도 알 수 있듯 현재 윤규 및 박연과 관련하여 『남명집』에 남아 전하는 작품은 모두 죽연정을 모태로 지어진 것이다. 이는 바꾸어 말하면 남명과 박윤과의 친분을 입증하는 것이기도 하다. 남명과 죽연의 교유에 인접해 살던 월오가 동참

죽연정사

하게 된 것이 아닌가 추측된다.

28. 명경대에서 만난 벗
－목사牧使 강응두姜應斗

『덕천사우연원록』에 실려 있다. 강응두(1501~1558)의 자는 극서極瑞이며, 본관은 진양이다. 대사간大司諫을 지낸 강렬姜烈의 증손이며, 강응규姜應奎(1507~1576)의 형이다. 경상남도 의령에 세거하였다. 망우당忘憂堂 곽재우郭再祐의 외조부이다.

명경대

　집안이 넉넉하였는데 베풀기를 원체 좋아하여, 어쩌다 흉년을 당하게 되면 구휼하여 살리는 사람이 많았다. 천거되어 처음엔 덕원교수德源教授를 지냈으며, 벼슬이 안주목사安州牧使에 이르렀다. 목사로 재직할 당시 백성들이 송덕비를 세워 칭송하였다. 곧이어 성주星州로 이직移職되었는데 병으로 나아가지 않았다.
　남명과는 동갑으로 의령 자굴산 명경대明鏡臺에서 처음 만났다. 남명은 26세 때 부친상을 당하여 고향에 장사지내고는 상경하지 않고 의령 자굴산闍崛山 명경대 밑의 암자에서 1년 남짓 글을 읽었다. 이때 서로 의기가 합해져 즉시 동갑회同甲會를 만들고는 몇 날을 함께 지내다가 돌아왔다고 한다.

29. 은자를 찾아왔다가 나를 만났으니, 뭐에 소득이 있으랴
― 안락당安樂堂 이희안李希顏

『덕천사우연원록』에 실려 있다. 이희안(1503~?)의 자는 사성師聖, 본관은 성주이며 안락당은 그의 호이다. 은거하여 위기지학에 전념하였다. 29세인 1531년 문재文才로 천거되어 사직司直 벼슬까지 올랐다. 일찍감치 남명의 풍모를 듣고 산천재山天齋로 가서 열흘 동안 머물며 경사經史를 강론하였다. 남명이 도의의 사귐으로 허여하였다. 그러자 안락당이 청학동에서 청학을 본 일을 이야기하였다. 남명이 희롱하여 말하기를 "그건 학이 아니라 황새일세. 마찬가지로 그대가 오늘 나를 찾아 온 이 일은 자신을 피곤하게 한 짓일 뿐이다. 학을 찾아갔다가 황새를

산천재

제3장 남명의 벗들

보았고, 은자를 찾아왔다가 나를 만났으니, 무슨 소득이 있겠는가?"라고 하였다. 두 사람의 지기志氣가 합쳐짐이 이와 같았다.

30. 나 같이 못난 사람도 저버리지 않으시니
－대사간大司諫 이림李霖

『덕천사우연원록』에 실려 있다. 이림(1495~1546)의 자는 중망仲望, 본관은 함안이다. 1524년 문과에 급제하였고, 1545년 병조참의로 있다가 을사사화에 연루되었으며, 의주로 장배杖配되었다가 이듬해 사사되었다. 남명과 젊은 시절부터 친구로 지냈다.

그는 을사사화 때 죽임을 당해 남명이 일생동안 못내 그리워했던 벗 가운데 한 사람이다. 『남명집』에는 그에 대한 애틋한 그리움을 보여주는 시 한 수가 전한다. 바로 「꿈을 기록하여 하군에게 주다」[記夢贈河君]라는 시다. 이 시에는 짧은 서문도 붙여져 있는데, 그 내용은 이러하다. 1565년 8월 어느 날 이림과 만나 나무 아래서 이야기를 나누는 꿈을 꾸었다. 정겨운 이야기가 채 끝나지도 않았는데, 갑자기 그가 일어나 가버렸다. 서글픈 마음에 소매를 붙잡고서 시 한 수를 지어주며 작별하였다. 꿈에서 깨고서도 억울하기만 했던 옛일들이 떠올라 마음을 추스를 수가 없었다. 그런데 뜻하지 않게 그의 외손인 하천서河天瑞를 만나게 되었으니, 그에 대한 그리움이 그의 핏줄인 외손을 만나게 한 것이리라. 남명은 하천서를 보자 꿈에서의 아쉬움이 가시지 않아 통곡하며 탄식했다고 한다. 1565년이라면 이림이 세상을 떠난 지 10년 되는 해이다. 그만한 세월이면 정情도 그리움도 무뎌질 만하건만 남명은 늘 그 벗이 그리웠나 보다.

『조선왕조실록』을 비롯한 여타 자료에 전하는 이림의 기록은 거의 일관적이다. 을사사화 당시 화를 당하게 된 과정을 기록한 것으로, 사화의 주모자인 유관柳灌과 절친하여 그 전모를 미리 알고 있었을 것이라는 점, 중종이 승하한 후 정권이 문정왕후에게로 넘어가서는 안 된다고 주장했다는 점이 공통적으로 나타난다. 특히 후자의 기록은 누군가에게 사적인 자리에서 발언한 것인데, 이것이 더 큰 문제로 작용했던 듯하다.

더구나 그는 에둘러서 말하지 못하는 성정의 소유자였다. 『을사전문록乙巳傳聞錄』「이림전」에 실린 일화를 소개해 본다. 동궁東宮에서 화재가 일어나자 사람들이 누군가 의도적으로 놓은 불이라 수군거렸다. 그때 이림이 대사간으로 있으면서 차자箚子를

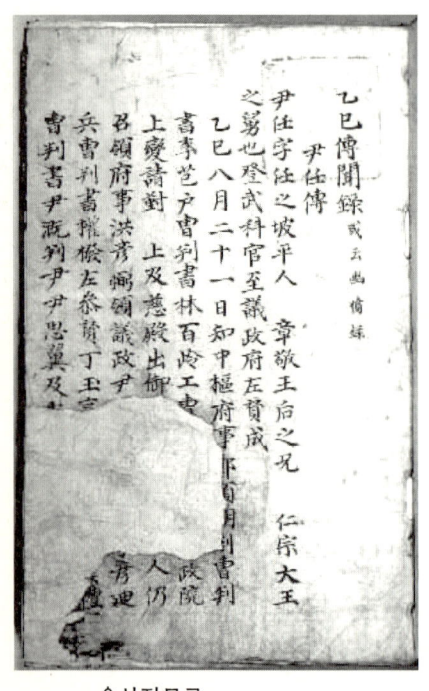
을사전문록

올렸는데, "너무 친압하면 쉽게 상전을 능멸하는 데까지 이르고, 꺼려하고 이기려는 화禍는 마침내 난리의 원인이 됩니다."라고 하여, 화재의 궁극적 원인을 왕실로 돌렸다. 그 말이 너무 노골적이어서 당시 식자識者들은 그가 화를 당하지나 않을까 근심하였다고 한다. 이치에 맞지 않다면 그것이 누구이든 곧이곧대로 말할 수 있는 강직한 성품, 그래서 때론 그를 아끼는 주위 사람들의 마음을 불안하고 초조하게 하지만, 그에 아랑곳 않고 이를 자신의 소명으로 여기는 꼿꼿한 기질. 남명과 참 많이도 닮아 있다.

『남명집』에는 이림이 남명에게 보내 준 『심경』 뒤에 쓴 후지後識 한 편도 전한다. 이 글은 남명이 한양에서의 생활을 접고 옛 집으로 돌아와 위기지학에 전념할 때 이준경李浚慶이 『심경』을, 송인수宋麟壽가 『대학』을, 성우成遇가 『동국사략』을 보내 준 것과는 다른 형태의 선물이었다. 이들 세 사람이 책을 선물한 시기는 1531년과 그 이듬해였지만, 남명의 이 글에는 그 시기가 기재되어 있지 않다. 다만 글에서 남명이 아이를 잃었다고 하는 내용으로 유추해 본다면, 남명은 44세인 1544년 첫째 아들 차산次山을 잃었고, 그 이듬해 이림이 세상을 떠났으니, 선물을 받고 이 글을 쓴 것도 그 즈음이 아닐까 생각된다.

남명은 이 책을 보내준 벗의 마음을 행간 구석구석에서 내보이고 있다. 특히 다른 책도 아닌『심경』을 왜 보내주었을까를 잘 이해하고 있는 듯하다. 먼저 '천하에는 버릴 재목이 없다.'고 말했던 벗이 그 마음을 미루어 '나 같이 못난 사람도 버리지 않고『심경』을 부쳐준 것'에 감읍해 하였다.

남명이 생각하는『심경』은 이런 책이다. "이 책은 바로 한낮의 북적대는 시장 속의 면류관冕旒冠과 같은 것이다. 면류관은 사람들이 사지 않을 뿐만 아니라, 혹 이를 머리 위에 써보기라도 하면 참람하다고 죽이거나 벌을 받는다. 이 때문에 사람들이 이 책을 싫어하여, 면류관 정도로 보는 데서 그치지 않고 자신을 죽이는 도구로까지 보고 있다. 그래서 만고에 마음을 밝힌 일들이 영원히 캄캄한 밤처럼 되고 사람의 윤리가 짐승처럼 되어도, 다만 묵묵히 일생을 보낼 따름이다." 주지하듯『심경』은 조선시대 학자들의 심성수양을 위한 필독서였다. 그런데 여

제3장 남명의 벗들

러 차례의 사화 이후 이 책을 소유하는 것 자체를 금기시하였고, 시간이 흐를수록 사람들의 기억에서 멀어져 갔다. 그래서 남명도, '이 책은 다른 날 못된 애들에 의해 창이나 벽에 발라지고 말 것이다.'라는 말로서 그 안타까움을 표현하였다.

  그런데 벗이 이 책을 보내 온 것이다. 마치 우리 마저도 이를 저버리면 안 된다고, 세상 사람들이 다 외면해도 우리는 몸으로 실천하여 지켜나가야 한다고 말하는 듯했다. 이는 남명의 평소 신념과 한 치도 다르지 않는 것이었다. 수양 공부의 중요성을 강조한 것으로는 어느 누구에게도 뒤지지 않았던 남명이었다. 이렇듯 말하지 않아도 서로의 마음을 이해했던 두 사람, 남명과 이림은 그런 벗 사이였다.

31. 바다에 살던 학이 뜰로 찾아오는구나
― 임당林塘 정유길鄭惟吉

  문득 이런 생각을 해 본다. 인간이 세상을 떠나기 직전 자신의 삶을 되돌아보는 것은 인지상정이다. 후회와 안타까움, 즐거움과 뿌듯함 … 만감이 오갈 듯하다. 남명은 어땠을까? 남명은 마지막 그 순간에 자기 생의 어떤 부분이 가장 후회스러웠을까? 그건 아마도 서너 해 전에 있었던, 그렇지만 살아온 세월의 모진 풍파보다 더 세상을 떠들썩하게 했던 진주옥사晋州獄事가 아니었을까 싶다. 더 정확히 말하면 이 일과 관련한 자신의 처신이 처절한 고통으로 다가왔을 것이다. 인간사라는 것이 내 의지와는 달리 부득이한 상황으로 몰고 갈 수 있다지만, 남명은 이 일로 인해 자신의 삶에 큰 오점을 남겼고, 그래서 그 절친했던 벗과도 절교하게 된 것이 못내 안타까웠을 것이다. 이 일과 관련해서는 '구암龜巖 이정李楨' 항목에서 약간의 설명을 해 놓았다.

『남명집』에 전하는 정유길(1515~1588) 관련 기록은 두 가지인데, 그중 하나가 바로 이 사건과 유관하다. 이 사건이 발생할 당시 임당이 경상도 관찰사로 부임했기 때문이다. 진주옥사 발생 당시의 감사는 박계현朴啓賢이었는데, 그해 7월에 정유길로 교체되었다. 남명에 의해 고발된 옥사 관련자들에 대해 경상감사는 음행의 증거가 미약하다는 이유로 모두 석방하였고, 이와 관련하여 남명 문인들이 항소, 이 사건은 조정에서 논의하는 사태까지 커져버렸다. 이때 정유길이 경상도 관찰사로 새로 부임해 와서는, 그 역시 관련자들을 석방시켜 주었다. 『임당유고』를 보면 그해 7월에 경상도 관찰사로 부임

산해정

했다가 그 이듬해 2월에 사직했다는 기록이 보인다. 그리고 『남명집』에도 새로 부임한 경상감사가 관련자들을 죄다 석방했다는 기록이 보인다. 그렇다면 임당은 이 사건이 한창 진행될 때 그 중심으로 들어왔으며, 그의 행위는 남명에게 불리하게 작용하였던 것이다. 이 일로 인해 남명은 사건의 전말을 고스란히 담아 자신이 이 사건에 억울하게 말려들었음을, 그래서 약간은 변명을 하듯 자신의 문인 오건吳健과 정탁鄭琢에게 편지를 보내 도와줄 것을 청하였다.

그러나 두 사람의 교유는 이미 그 이전부터 있었던 것으로 보인다. 정유길의 처사가 남명에게 불리하게 작용했다 하더라도 남명은 오건과 정탁에게 보낸 편지에서 정유길의 자字를 일컫고 있는 것에서도 두 사람의 교유를 짐작할 수 있다. 그리고 두 사람의 교유를 알 수 있는 다른 자료가 『남명집』에 전하는데, 바로 남명이 정유길에게 준 오언절구 한 수이다.

그대 북쪽으로 돌아갈 수 있건만	君能還冀北
산 자고새인 나는 남쪽에서 산다네.	山鷓鴣吾南
정자를 산해山海라 이름 했더니	名亭曰山海
바다에 살던 학이 뜰로 찾아오는구나.	海鶴來庭叅

「판서 정유길에게 주다」[贈鄭判書惟吉]라는 시이다. 위 사건이 발생한 건 남명의 만년인 1568년인데, 이 시로 살펴보면 남명이 산해정에 있을 때부터 이미 두 사람의 교유가 있었음을 알 수 있다. 주지하듯 남명의 산해정 시절은 26세 때 부친이 세상을 떠나자 삼년상을 치른 후 상경하지 않고 처가가 있는 김해에 터를 잡으면서부터이다. 곧 남명의 나이 30세부터 고향인 삼가 토동兎洞으로 들어가는 45세까지를 가리킨다. 시의 내용으로 본다면 남명이 김해 산해정에 있을 때 정유길이 내방했음을 알 수 있다. 무엇보다 남명은 정유길을 학에 비유하여 그에 대한 자신의 마음을 표출하고 있다.

정유길은 자가 길원吉元, 본관은 동래이며, 임당은 그의 호이다. 영의정을 지낸 정광필鄭光弼의 손자이고, 호음湖陰 정사룡鄭士龍의 조카이다. 그는 한양에 거주하였는데, 남명의 종유인이나 문인들과의 교유가 많은 편이다. 남명과 숭덕재崇德齋 이윤경李潤慶의 사후 만시를 지었으며, 동주東洲 성제원成悌元의 사우록에도 실려 있다.

정유길의 신도비

그는 1538년 별시문과에 장원하여 중종의 축하를 받고 곧이어 사간원 정언에 오르면서 화려한 관직생활을 시작하였다. 그는 일생을 환로에서 보냈다고 할 수 있다. 이조좌랑·의정부 사인·경상도 관찰사·이조판서를 거쳐 우의정을 지냈으며, 예문관 대제학이 되어 문형文衡을 잡기도 하였다. 글씨에 뛰어나 그의 글씨를 임당체林塘體라 불리기도 했으며, 특히 시에 조예가 깊었다. 그의 문집인 『임당유고』는 수백편의 시로 장식되어 있다.

사진협조(기관명 가나다 순)

경기도청 – 이준경의 묘소
경주시청 – 이언적의 퇴처지 독락당
고령군청 – 월오마을
보은군청 – 보은 속리산
청도군청 – 운문산 공암
함양군청 – 화림계곡
합천군청 – 사미정 전경

수록 사진들 중 일부는 각 기관의 협조가 있었습니다.
지면을 빌려 감사인사 드립니다.

저자 약력

1969년 경상남도 산청 출생
경상대학교 한문학과 졸업
동대학원 문학박사
남명학연구소 학술연구교수
현 경상대학교 경남문화연구원 인문한국(HK) 연구원

논저

『16세기 遺逸文學 硏究』
『선인들의 지리산 유람록』(공역)
『유교경전과 경학』(공역)
『중국경학가사전』(공저)
『송원시대 학맥과 학자들』(공저) 외 다수

남명과 그의 벗들

인　　쇄 / 2007년 12월 18일
발　　행 / 2007년 12월 28일
저　　자 / 강　정　화
발 행 인 / 한　정　희
편　　집 / 장　호　희
발 행 처 / 경인문화사
주　　소 / 서울특별시 마포구 마포동 324-3
전　　화 / 02-718-4831~2
팩　　스 / 02-703-9711
이 메 일 / kyunginp@chol.com
홈페이지 / http://www.kyunginp.co.kr
　　　　　/ 한국학서적.kr
등록번호 / 제10-18호(1973. 11. 8)

값 10,000원
ISBN 978-89-499-0542-6 04150

ⓒ 2007, Kyung-in Publishing Co, Printed in Korea
*잘못된 책은 교환해 드립니다.